Lieblingsplätze in Oberösterreich

Lieblingsplätze in Oberösterreich

Andreas Schöps

GMEINER

Autor und Verlag haben alle Informationen geprüft. Gleichwohl ändern sich Gegebenheiten, daher erfolgen alle Angaben ohne Gewähr. Möchten Sie ein Feedback geben, freuen sich Autor und Verlag: lieblingsplaetze@gmeiner-verlag.de

Aus Gründen der Lesbarkeit und Sprachästhetik wird in diesem Buch das generische Maskulinum verwendet. Mit der grammatischen Form sind ausdrücklich weibliche sowie alle anderen Geschlechtsidentitäten mit berücksichtigt, insofern dies durch die Aussage geboten ist.

Sofern nicht im Folgenden gelistet, stammen alle Bilder von Andreas Schöps: SPA RESORT THERME GEINBERG, TBG Thermenzentrum Geinberg BetriebsgmbH 30; Philip Rachinger/Andreas Balon 50; EurothermenResort Bad Schallerbach GmbH 66; EurothermenResort Bad Hall GmbH & Co KG 148

QR-Code einscannen und kostenloses E-Book anfordern.

Besuchen Sie uns im Internet:
www.gmeiner-verlag.de

1., überarbeitete Neuausgabe 2023

Im Ehnried 5, 88605 Meßkirch
Telefon 07575/2095-0
info@gmeiner-verlag.de

Lektorat/Redaktion: Anja Kästle
Herstellung: Julia Franze
Bildbearbeitung/Umschlaggestaltung: Susanne Lutz
unter Verwendung der Illustrationen von ©SylwiaNowik, Yozhik, anastasiadeshko, lapencia, nicknik93759375, bioraven – stock.adobe.com; © Susanne Lutz
Druck: AZ Druck und Datentechnik GmbH, Kempten
Printed in Germany
ISBN 978-3-8392-0382-8

Mythologische Skulptur des Künstlers Günther Fahrner im Skulpturenpark Wesenufer an der Donau

1

Jägerstätterpark
Schleifmühlgasse
A-5280 Braunau

Tourismusverband Entdeckerviertel
Stadtplatz 2
A-5280 Braunau
+43 (0)7722 62644
www.entdeckerviertel.at

ENTDECKUNGSREISEN ENTSPANNT ANGEHEN

Jägerstätterpark

Wer auf Reisen nur das Spektakuläre vor Augen hat, verliert mitunter den Blick für das Wesentliche. Oftmals wird ein Ortswechsel gerade durch diejenigen Dinge so besonders und erlebenswert, die uns vermeintlich zufällig am Wegesrand begegnen – wenn wir nur ganz genau hinsehen.

Ein ausgesprochen schöner Ort, um eine Entdeckungstour durch Oberösterreich zu beginnen, ist der nach dem oberösterreichischen Widerstandskämpfer Franz Jägerstätter benannte Park in Braunau. Im Jahre 2006 vom österreichischen Bundespräsidenten eingeweiht, stellt er eine Oase der Ruhe inmitten der Braunauer Altstadt dar. Hier kann man nicht nur zu sich selbst finden, sondern auch Energie tanken, Innehalten und das Beobachten üben. Mitunter erschließt sich dabei viel mehr, als auf den ersten Blick erscheinen mag. Denn die Wege innerhalb des Parks sind nur vermeintlich willkürlich angelegt. Bei genauerer Betrachtung erkennt man ein metaphysisches Muster, das durch drei Leitpfade abgebildet wird: die Körper-, Geist- und Seelen-Achse. Schritt für Schritt erschließt sich somit die Ganzheitlichkeit des Menschen, die erst aus der Verbundenheit all ihrer Facetten tiefgründig werden kann.

Der ideale Platz, um das landschaftsgärtnerische Gesamtkunstwerk zu würdigen, ist der quadratische Kreuzgang im zentralen Bereich, der an den Innenhof des Klosters von San Damiano erinnert, in dem schon der heilige Franziskus seinen Sonnengesang schrieb. Am Rande des malerischen Teichs kann man ganz bei sich sein, dem Plätschern des kleinen Baches lauschen und Kraft sammeln für all die Herausforderungen, die vor einem liegen. Und sich bewusst werden, dass eine Reise umso schöner ist, je mehr man sich mit fast schon kindlicher Neugier auf all das einlassen kann, was auch unerwartet vor einem liegen mag.

Starten Sie vom Park aus auf den Baumlehrpfad und genießen Sie den Spaziergang entlang der Innauen vor der malerischen Kulisse der Braunauer Altstadt.

2

Am **Historischen Stadtplatz** steht das **Rathaus**
Stadtplatz 38
A-5280 Braunau
+43 (0)7722 8080
www.braunau.at

DAS WOHNZIMMER UPGRADEN

Historischer Stadtplatz

Manch Braunauer nennt den Stadtplatz schlicht das »Wohnzimmer in der Stadt«. Die liebevolle Bezeichnung mag verdeutlichen, wie sehr der historische Ortskern geschätzt wird und wie gerne sich die Bewohner hier treffen, unterhalten und das Leben genießen.

Das »Braunauer Wohnzimmer« ist in vielfältiger Hinsicht einzigartig. Nicht nur Erstbesucher sind überwältigt von der Geschichtsträchtigkeit der ansehnlichen Häuserreihen im Inn-Salzach-Stil, welche das bunte Treiben architektonisch geschmackvoll umrahmen. Von einem gemütlichen Platzerl in einem der zahlreichen Cafés lässt es sich wunderbar hineinblicken in die Historie der Innstadt, die, mal bayerisch, mal oberösterreichisch, das beste beider Welten zu vereinen scheint. Allen voran das eindrucksvolle Rathaus und das Paumgartner'sche Freihaus, in dem einst die Gerichtsbarkeit ihren Platz hatte. Hinzu kommen das Schiffmeister-Haus, das bayerischen Herzögen und dem österreichischen Kaiser Franz I. als Übernachtungsstätte diente, das Schüdlhaus, in dem schon König Max I. Joseph von Bayern und Napoleon Bonaparte wohnten, oder das Apothekerhaus, das einst wohlhabenden Tuchmachern gehörte und ganze Bürgermeisterdynastien hervorbrachte. Ganz speziell ist natürlich diese einzigartige Kombination aus oberösterreichischem Dialekt und Innviertler Charme, die jeden Aufenthalt zum wohltuenden Vergnügen werden lässt! Wenn dann noch ein typisch österreichischer »Verlängerter« mitsamt verführerischer Sachertorte kredenzt wird und das stete Plätschern des Fischerbrunnens für rhythmische Entspannung sorgt, mag man sich zu Recht fragen, was einen denn eigentlich davon abhalten sollte, für immer hierzubleiben? Oder zumindest stundenweise den Stadtplatz gegen das eigene Wohnzimmer zu tauschen, wie es die Braunauer Genussmenschen so weise tun.

Der Stadtplatz ist der ideale Startpunkt auf den Erlebnisweg, der Sie zu zahlreichen bedeutenden Schauplätzen bayerisch-oberösterreichischer Geschichte führt.

8

Kulturhaus Gugg
Kultur im Gugg
Palmstraße 4
A-5280 Braunau
+43 (0)7722 65692
www.gugg.at

Gugg-Lounge
Linzer Straße 6
A-5280 Braunau
+43 (0)7722 63461
www.gugg-lounge.at

KULTURHUNGER STILLEN

Kulturhaus Gugg und Gugg-Lounge

Ein echtes Kleinod eröffnet sich dem neugierigen Besucher etwas abseits des Braunauer Stadtplatzes. In unmittelbarer Nähe des Inn wurde hier von Karl Anton Gugg 1781 eine Feuerlöschfabrik eröffnet: Berühmt war diese über 200 Jahre lang für ihre hervorragende Technik, insbesondere die 1806 entwickelte Guggsche Spritze mit Schlauch, die unzählige Brände rasch und zuverlässig zu löschen half. Als die Fabrik schließlich 1984 geschlossen werden musste, stand das geschichtsträchtige Gebäude zum Bedauern vieler Braunauer zunächst leer.

Es ist der Braunauer Theatergruppe *Oberliachd'n* zu verdanken, dass es schließlich nur wenige Jahre später in neuem Glanz erstrahlen konnte. 1991 entstand zunächst ein Kleintheater mit Theatercafé, das stetig ausgebaut wurde und heute mit dem Kulturhaus Gugg und der Gugg-Lounge ein ebenso stilvolles wie attraktives Kulturzentrum bietet. Wer in Braunau einen unterhaltsamen Abend erleben möchte, der ist im Gugg absolut richtig. Das Angebot deckt das gesamte Spektrum zeitgenössischer Kultur ab und reicht von Konzerten nationaler und internationaler Künstler und Bands über Theateraufführungen bis hin zur Kleinkunst. Highlights sind die jährlichen Premieren von Eigenproduktionen, auf welche die Veranstalter ausgesprochen stolz sind. Kulturhistorisch besonders Interessierte pilgern zudem zu den Braunauer Zeitgeschichtetagen, die sich mit hochinteressanten Entwicklungen und Fragen auseinandersetzen und dabei immer auch einen regionalen Fokus suchen.

Egal welche kulturellen Präferenzen man auch haben mag – einen entspannten Abschluss des Besuchs findet ein jeder in der angeschlossenen Gugg-Lounge, in der es sich bei Wein, Kaffee oder Selters wunderbar stilvoll über das Gesehene und Gehörte ratschen lässt.

Machen Sie einen Abstecher in den nahegelegenen, herrlich entspannenden Palmpark direkt hinter dem Gebäude.

4

Wallfahrtskirche
Maria Schmolln

Maria Schmolln 57
A-5241 Maria Schmolln
+43 (0)7743 220912
(Pfarrei)
www.dioezese-linz.at

ZU INNERER EINKEHR FINDEN

Wallfahrtskirche

Gänzlich unspektakulär begann die Geschichte von Maria Schmolln, der heute bedeutendsten Wallfahrtsdestination Oberösterreichs: Im Jahre 1735 soll der ortsansässige Bauer Michael Priewasser ein Marienbild an einem Baum befestigt haben, um damit seinem verstorbenen Sohn zu gedenken. Das rührende Taferl lockte schon bald Menschen aus Nah und Fern, die dort gemeinsam beteten. 1784 wurde eine kleine Kapelle errichtet, eine einfache Raststätte schloss sich an, weitere Häuser wurden geschaffen – die Gemeinde Maria Schmolln entstand. 1863 wurde schließlich die Wallfahrtskirche, ein schlichter neugotischer Bau, den die Bewohner in Eigenregie aufgestellt hatten, feierlich eröffnet und wenige Jahre später übernahm der Franziskanerorden die Seelsorge in der Region.

Ein Besuch in Maria Schmolln ist nicht nur für Gläubige lohnenswert, die besonders in den Monaten Mai bis Oktober in die Gemeinde strömen. Vielmehr ist sie auch ein prominentes Urlaubsziel, das mit seinen unzähligen Rad-, Walking- und Wanderwege zu begeistern weiß. Weithin bekannt ist der Marien-Wanderweg, der seinen Ursprung im östlich gelegenen St. Marienkirchen hat und über 132 Kilometer durch malerische periglaziale Landschaften bis ins oberbayerische Altötting führt. Er ist gesäumt von sogenannten Marterln, Tafeln mit Bild und Inschrift, die Geschichten aus der Bibel nacherzählen. Beachtenswert sind zudem die »Marienkräuter« wie Schafgabe, Thymian oder Königskerze. Diese wachsen nicht nur im Klostergarten Maria Schmolln oder im Hildegard-Heilkräutergarten in Kirchberg, sondern auch am Wegesrand, oftmals begleitet von kleinen Tafeln, die den gelehrigen Wanderer in die Geheimnisse der traditionellen Kräuterkunde einweihen.

Nehmen Sie sich ein paar Tage Auszeit und finden Sie innere Einkehr auf dem Marien-Wanderweg von St. Marienkirchen über Maria Schmolln bis nach Altötting.

5

Schloss Hagenau
Hagenau 1
A-4963 Hagenau
+43 (0)670 6015355
www.schlosshagenau.at

Burgschänke Frauenstein
Frauenstein 1
A-4962 Mining
+43 (0)7723 21353
www.burg-frauenstein.com

DAS SCHLOSSFRÄULEIN VERZAUBERN

Schloss

Zugegeben – die Zeiten der Herzöge, Barone und Grafen sind vorbei, insbesondere in Österreich, wo der Adelsstand ja seit 1919 offiziell aufgehoben ist. Träumen ist aber auch im Land ob der Enns weiterhin erlaubt! Schon deshalb sollte man es sich nicht nehmen lassen und es sich einfach einmal vor dem geistigen Auge ausmalen, stolzer Besitzer eines Schlosses zu sein. Und was würde da wohl die holde Angetraute sagen, wenn sie auf einmal eine echte Schlossherrin wäre?

Wer ein passendes Ambiente für die schönen kleinen Träumereien sucht, dem sei das Renaissanceschloss in Hagenau ans Herz gelegt. Das malerische Prunkhaus befindet sich auf einem Felssporn direkt an der Mündung der Mattig in den Inn und gilt als eines der prächtigsten seiner Art. Auch wenn Hagenau erst 1728 in seiner heutigen Form erbaut wurde, lässt sich die Geschichte des Ortes bis in die Zeit des Hochmittelalters zum Kreuzrittergeschlecht der Hagenauer zurückverfolgen. Der besondere Reiz liegt heute im einzigartigen Ensemble aus Renaissanceschloss, Biedermeiertrakt und gotischer Kirche, das drei architektonische Epochen harmonisch miteinander vereint.

Seit der Renovierung 2002 hat sich das Schlossgelände zu einem Kulturzentrum entwickelt, das weit über die Region hinaus angesehen ist. Ob Familienfeiern, Hochzeiten, Taufen, Konzerte oder Lesungen in der Kirche, dem Park oder dem herrlichen Festsaal – in Hagenau findet sich eine virtuose Kulisse für eine schier unendliche Breite von Aktivitäten. Und der perfekte Hintergrund, um die Holde ans Ufer der Mattig zu entführen, sie zu einem Picknick einzuladen und mal ganz unverbindlich gemeinsam darüber nachzudenken, wie es denn so sein könnte als Schlossherrin und Schlossherr an diesem so wunderschönen Ort.

Schwingen Sie sich aufs Rad und runden Sie Ihren Besuch in Hagenau mit einer Einkehr in der Burgschänke der nur fünf Kilometer entfernten Burg Frauenstein am Inn ab.

6

Weinlechner-Eiche
Dr.-Weinlechner-Platz 1
A-4950 Altheim

Stadtamt Altheim
Braunauer Straße 7
A-4950 Altheim
+43 (0)7723 42255
www.altheim.ooe.gv.at

Römer Museum Altheim
Roßbacherstraße 2
A-4950 Altheim
+43 (0)664 1105389
www.roemermuseum-altheim.at

ZURÜCK IN DEN HIMMEL SCHAUEN

Weinlechner-Eiche

Blöd waren sie ja nicht, diese Römer. Auf ihren Eroberungszügen durch die dichten Eichenwälder des keltischen Königreichs Noricum fanden sie zielsicher die schönsten Orte, um sich niederzulassen. Da verwundert es also wenig, dass man im malerischen Altheim bislang zwei stattliche römische Villen ausgraben konnte, mitsamt Tand, Trödel und zahllosen Kostbarkeiten, die uns noch heute an die reiche Vergangenheit des Ortes erinnern.

Aber auch die nachfolgenden Zeiten waren ereignisreich im Ort an der Mühlheimer Ache: Erstmals 903 urkundlich erwähnt, wurde Altheim 1581 durch Herzog Wilhelm V. von Bayern das Marktrecht verliehen. 2003 – zugegeben mit etwas zeitlichem Abstand – erfolgte die Ernennung zur Stadt. Im Laufe der Jahrhunderte brachte das heutige 5.000-Seelen-Örtchen zahlreiche prominiente Bewohner hervor, die mal bayerische, mal österreichische Interessen vertraten. Neben dem Freiheitskämpfer Johann Georg Meindl, einem berühmten Feldmarschall im Kampf der damals bayerischen Gemeinde gegen österreichische Besatzer Anfang des 18. Jahrhunderts, ist hier natürlich Reinhold »Reini« Hintermaier zu erwähnen. Der österreichische Nationalspieler blickt nicht nur auf eine erfolgreiche Karriere als Fußballprofi zurück, sondern brachte mit seinem »Tor des Monats« für den FC Nürnberg im Pokalfinale 1982 sogar den großen FC Bayern München an den Rand der Niederlage – allerdings nur fast.

Besonders stolz sind sie im Ort allerdings auf einen ganz feingeistigen Mitbürger: Der hier 1829 geborene Mediziner Josef Weinlechner gilt als Wegbereiter der modernen Kinderchirurgie und hat damit zur Rettung von unzähligen Leben beigetragen. Was wäre ein schöneres Andenken an sein leidenschaftliches Wirken als jene stattliche Eiche, die man 1899 ihm zu Ehren pflanzte? Und die damals wie heute zum Blick hoch in den Himmel und weit zurück in die Vergangenheit einlädt.

Von der Eiche ist es nur ein Katzensprung zum *Römer Museum Altheim.* Für alle Kulturinteressierten ein Muss, ebenso wie das etwa weiter entfernte Freilichtmuseum in Weirading.

7

Ibmer Moor
Startpunkt Rundweg:
Strandbad Ibm am Heratingersee
Ibm 119
A-5142 Eggelsberg
+43 (0)7748 6535
www.eggelsberg.at

Maria Wimmer
Gundertshausen 44
A-5142 Eggelsberg
+43 (0)650 5604123
www.moor-ausflug.at

DURCH MYSTISCHE LANDSCHAFTEN WANDERN

Ibmer Moor

Unweit der Gemeinde Eggelsberg hat man einen wahrlich traumhaften Blick gen Süden in die Salzburger Alpen hinein. Zu Füßen der prächtigen Gipfelkette breitet sich die mit gut 2.000 Hektar größte Moorlandschaft Österreichs aus und lockt mit einer unberührten Natur voller Sehenswürdigkeiten und sagenhaften Geschichten.

Das Ibmer Moor entstand zum Ende der Kaltzeiten vor gut 10.000 Jahren, als sich die Gletscher aus der Region zurückzogen und erst größere, dann kleinere Seen zurückließen, die schließlich langsam verlandeten und versumpften. Auf eiszeitlichen Tonen bildeten sich ausgedehnte Niedermoore, die sich stellenweise zu Hochmooren weiterentwickelten. Die vielfältige Landschaft beheimatet eine Unzahl an teils seltenen Tier- und Pflanzenarten, die von farbenprächtigen Moos- und Preiselbeeren, herrlich duftendem wilden Rosmarin und zauberhaften Orchideen über scheue Rehe, putzige Feldhasen, sonnenhungrige Ringelnattern, faule Erdkröten, kunstvoll kreisende Bekassinen bis hin zu stolzen Wespenbussarden reicht. Doch Vorsicht! Auch fleischfressende Pflanzen wie das Fettkraut oder der Wasserschlauch haben hier ihre Heimat und freuen sich über proteinreiche Nahrung.

Das Ibmer Moor ist ein Ort voller Wunder und Geheimnisse, der zum gemütlichen Spaziergang ebenso einlädt wie zur ganztägigen Naturerkundung. Besonders mystisch wird es nach Sonnenuntergang, wenn sich das Moor im blassen Mondlicht von seiner schaurigen Seite zeigt und alte Sagen und Legenden wahr zu werden scheinen. Junggesellen sollten das Moor dann meiden, denn das Moorweiberl, so wird es seit Jahrhunderten überliefert, treibt hier sein Unwesen und hat schon manch liebeshungrigen Tollpatsch für immer in die Untiefen gelockt und zum Irrlicht werden lassen.

Maria Wimmer bietet informative wie auch unterhaltsame Moorwanderungen für Jung und Alt an. Für alle, die sich für Geschichten um das Ibmer Moor interessieren, ein Muss!

8

Riesentanne
Startpunkt der circa zweistündigen Wanderung:
Via Nova Pilger Rastplatz
A-5222 Munderfing-Bradirn

Gemeindeamt Munderfing
Dorfplatz 1
A-5222 Munderfing
+43 (0)7744 6255
www.munderfing.at

Über dem Wald schweben

Riesentanne

Am Fuße des Kobernaußerwaldes, eines der größten Waldgebiete Mitteleuropas, liegt die Gemeinde Munderfing. Der kleine Ort lässt sich schon von der Ferne gut erkennen, verfügt er doch über einzigartige Wahrzeichen: Aus dem riesigen Waldareal, das sich im Osten des Dorfes über kaltzeitliche Moränenwälle hoch hinaufzieht, ragen gigantische Bauwerke von Menschenhand mehr als 140 Meter in den Himmel. In einer ganz eigenen Symbiose von Natur und Technik wirken sie dabei fast so, als seien sie schon immer Bestandteil dieses Mischwaldes, und nicht erst seit 2014, als hier binnen kürzester Zeit ein Windenergiepark angelegt wurde. Heute versorgen die Windkraftanlagen mit ihren riesigen Rotoren mehrere tausend Haushalte mit Strom und liefern dabei ein eindrucksvolles Beispiel für die Gewinnung regenerativer Energien.

Noch vor wenigen Jahrzehnten, als man Windräder nur als Gartenspielereien kannte, bot sich in Munderfing ein ganz anderes Bild. Wo heute die Rotorblätter des Windparks kreisen, erhob sich bis 1981 die Munderfinger Riesentanne, ein gewaltiger, jahrhundertealter Nadelholzbaum, der mit seiner stattlichen Höhe von über 40 Metern weit über den umliegenden Eichenmischwald hinausragte und Besucher aus Nah und Fern magisch anlockte. Erst als er, schon lange im Greisenalter aller Bäume angelangt, immer brüchiger und damit auch zur Gefahr für seine Bewunderer wurde, entschloss man sich dazu, den Baum abzuholzen. Freilich aber nicht ohne ihm ein würdiges Andenken zu bewahren. Wer also den Fußmarsch durch den herrlichen Kobernaußerwald auf sich nimmt gelangt früher oder später zum gut erhaltenen Baumfuß und kann sich selbst einen Eindruck früherer Größe machen. Und darüber nachdenken, was wohl alles in seinem Schatten passiert sein mag, in den gut 400 Jahren seiner hölzernen Geschichte.

Freunde kulinarischer Genüsse lassen den Tag beim Gasthof Schnapsbrennerei Andre Christon ausklingen. Köstliche regionale Spezialitäten mitsamt obligatorischem Verdauungsschnapserl inklusive.

9

Augustiner-Chorherrenstift Reichersberg
Hofmark 1
A-4981 Reichersberg
+43 (0)7758 23130
www.stift-reichersberg.at
www.stiftsbraeustueberl.at

Informationen zur Thermenlandschaft:
Kur- und Gästeservice Bad Füssing
Rathausstraße 8
D-94072 Bad Füssing
+49 (0)8531 975580
www.badfuessing.com

MIT FREUDE LEBEN

Augustiner-Chorherrenstift

Oberösterreich weist eine Fülle an Klöstern auf, die ein jedes für sich immer einen Besuch wert sind. Gleichwohl sticht Stift Reichersberg selbst aus einem solch erlesenen Kreis heraus, da es traumhafte Lage, wunderschöne Architektur und faszinierende Geschichtsträchtigkeit in besonderer Weise vereint.

Als eines von fünf Klöstern der 1907 gegründeten Kongregation der österreichischen Augustiner-Chorherren geht es in seinen Wurzeln bis in das 11. Jahrhundert zurück. Die damalige romanisch-gotische Klosteranlage fiel 1624 jedoch einem verheerenden Brand zum Opfer. Schon kurz darauf wurde sie unter Mitwirkung renommierter Künstler durch den barocken Neubau ersetzt, der heute als herausragendes Bauwerk dieser Epoche gilt. Gerade der äußere Stiftshof und der großzügige Herrengarten wissen durch das harmonische Miteinander von Pflanzenanlagen, Arkadengängen, zwiebelbekrönten Erkern und Brunnen besonders zu gefallen.

Die Priestergemeinschaft der Augustiner-Chorherren ist der Seelsorge nach dem Ideal des heiligen Augustinus verpflichtet, sei es in der Pfarrseelsorge, der Erwachsenenbildung oder der Kulturförderung. Neben zahlreichen Konzerten und Fortbildungsveranstaltungen in den Räumlichkeiten des Stifts besteht die Möglichkeit, Kirche und Museum im Rahmen einer Führung näher kennenzulernen. All denjenigen, die sich im Anschluss daran nach weltlichen Genüssen sehnen, wird rasche Abhilfe geboten: Beim Schlemmen typisch oberösterreichischer Spezialitäten im alten Stiftsbräustüberl kommt nämlich ein jeder sofort wieder zu Kräften. Und wer dabei Gefallen an den stiftseigenen Weinen, Likören oder Edelbränden gefunden hat, dem sei eine ausführliche Erkundung der Vinothek empfohlen. Ganz gemäß des Leitsatzes der Augustiner seit mehr als 900 Jahren: »Mit Freude leben«.

Machen Sie einen Abstecher ins gegenüberliegende Bad Füssing und entspannen Sie sich in der weltberühmten Thermenlandschaft.

10

Therme Geinberg Spa Resort
TBG Thermenzentrum Geinberg
Thermenplatz 1
A-4943 Geinberg
+43 (0)7723 8501
www.therme-geinberg.at

LUXURIÖSES THERMENERLEBNIS

Therme Geinberg Spa Resort

Wie vielleicht nur wenige wissen, war Österreich dank ergiebiger Vorkommen in Nieder- und Oberösterreich bis in die 1960er-Jahre hinein beim Erdölverbrauch stolzer Selbstversorger. Erst die Massenmobilisierung in den darauffolgenden Jahren erhöhte den Verbrauch drastisch, und man begann fieberhaft nach weiteren Ölfeldern zu bohren. Auch wenn man in der kleinen Innviertler Gemeinde Geinberg zunächst nur heißes Wasser aus gut 3.000 Metern Tiefe förderte, währte die Enttäuschung darüber nicht lange. Ein verfülltes Bohrloch wurde 1979 geöffnet, und seither sprudelt kostbarstes H_2O daraus hervor und verspricht dank seines Mineralgehalts Heilung von zahlreichen Gebrechen.

1998 wurde die Therme Geinberg eröffnet. Mit über 100.000 Quadratmetern ist sie nicht nur die größte ihrer Art in Oberösterreich, sondern auch eine der abwechslungsreichsten. Freunde des warmen Badevergnügens wissen die paradiesische Thermenlandschaft außerordentlich zu schätzen. Liebhaber des gepflegten Verwöhnen-Lassens frönen diesem im Vier-Sterne-Vitalhotel oder im Vitalzentrum. Genießer schwelgen in Speis und Trank in der Thermengastronomie mit ihren Restaurants, Lounges und Bars oder im exquisiten Restaurant AQARIUM. Und wer gerne schwitzt, der kann dies aktiv in der Sportlandschaft oder eher etwas ruhiger in der riesigen Saunawelt machen.

Das ganz besondere Thermenerlebnis wartet in den exklusiven Private Spa Suites, die direkt am Naturbadeteich alle nur erdenklichen Annehmlichkeiten in einzigartiger Atmosphäre bieten. Ob eigener Wellness-Bereich, À-la-carte-Kulinarik, orientalische Erlebniswelt mitsamt Hamam oder ein persönlicher Butler-Service – wer das luxuriöse Thermenerlebnis sucht, der wird es hier sicher finden.

Warum nicht den Montag freinehmen und ein verlängertes Wochenende in Geinberg genießen? Das Vitalhotel hat eine Vielzahl an Komplettangeboten, die Sie jeden verregneten Tag vergessen lassen.

11

Sarastro-Stauden
Kammer 42, Reichersberg
A-4974 Ort im Innkreis
+43 (0)664 2610362
www.sarastro-stauden.com

DEN MAXI IM BLÜTENMEER ENTDECKEN

Gärtnerei *Sarastro-Stauden*

Wenn der Maxi mit seiner Familie nach Oberösterreich in den Urlaub fährt, dann wird vorab gerne lange hin und her geplant. Ein Termin ist aber immer gesetzt: Den Besuch bei *Sarastro-Stauden,* den lässt sich seine gartenbegeisterte Mama nämlich nie nehmen, und auch für den kleinen Racker ist er ein echtes Highlight.

Etwas außerhalb von Ort im Innkreis hat Christian Kreß 1995 seine Staudengärtnerei eröffnet und über die Jahre hinweg kontinuierlich erweitert. Die großzügige Anlage bietet alles, was sich die Liebhaber der ein- und mehrjährigen krautigen Pflanzen nur wünschen können – und natürlich eine Vielzahl von Überraschungen, nicht nur für naturbegeisterte Kinder. Gerade in der Blüteperiode von Mai bis September lässt es sich hier trefflich inmitten von Staudenbeeten, Verkaufsquartieren und Gewächshäusern durch den großzügigen Schaugarten lustwandeln. An jeder Ecke gibt es etwas zu bestaunen, und nicht selten kombiniert Christian Kreß bauliche Elemente wie kleine Mauern und Hochbeete oder einen alten Pflug mit farbenprächtigen Pflanzen zu schillernden Gesamtkunstwerken. Schon beim ersten Rundgang verwundert es wenig, dass die Staudengärtnerei auch international einen hervorragenden Ruf genießt und vielfach ausgezeichnet wurde, unter anderem für die beste Kundeninformation, die schönste Pflanzentischgestaltung, das beste botanische Sortiment und die herausragendste, selbst gezüchtete Pflanze. Bei all dem faszinierenden floristischen Abwechslungsreichtum kann es schnell passieren, dass man sich ganz in der zauberhaften Pflanzenwelt verliert. Und der Maxi dabei etwas aus dem Blick gerät. Aber keine Sorge, ein kurzer Ruf reicht aus, und dann hupft er auch schon hoch, aus einem seiner zahlreichen Verstecke, schelmisch grinsend, inmitten dieser so herrlichen Blütenpracht.

Die beste Zeit für einen Besuch ist zwischen April und September. Buchen Sie eine exklusive Führung durch die Staudengärtnerei und lernen Sie die zahlreichen Highlights näher kennen!

12

Das **Narrenfresko** ist ein Hingucker in der **Altstadt**
Hauptplatz 10
A-4910 Ried im Innkreis

ARGE Stadtmarketing
Ried im Innkreis
Johannesgasse 8
A-4910 Ried im Innkreis
+43 (0)7752 85180
www.ried.com

Ein schmunzelnder Narr werden

Spaziergang durch die Altstadt

Es macht so richtig Spaß, ganz unbedarft auf Entdeckungsreise durch die Altstadt von Ried im Innkreis zu gehen. Inmitten der verschachtelten Gassen finden sich unzählige Relikte vergangener Zeiten, anhand derer sich die reiche Geschichte des erstmals 1145 urkundlich erwähnten, lange Zeit bayerischen und erst seit 1816 österreichischen Ortes hervorragend rekonstruieren lässt. Und was waren das für wilde Jahre!

Den einwandfrei restaurierten Bürgerhäusern im farbenprächtigen Inn-Salzach-Stil steht die wechselvolle Vergangenheit freilich gut. Und da der Ort die beiden Weltkriege nahezu unbeschadet überstanden hat, hat man die Qual der Wahl zwischen zahllosen historischen Sehenswürdigkeiten. Erst mal zum Stelzhamerplatz, der an den berühmten Heimatdichter erinnert (und in dessen Wirtshäusern sich sein bekanntes Gedicht *A Rausch* hervorragend rezitieren lässt)? Oder doch besser zum Kirchenplatz mit der kunstvoll barockisierten Kirche St. Peter und Paul und dem Hochaltar der berühmten Bildhauerfamilie Schwanthaler? Man könnte auch nach der Stelle suchen, an der 1809 das mythenumrankte Attentat auf Napoleon verübt wurde und dann erst einmal Brotzeit am Dietmarbrunnen machen, der an den sagenhaften Stadtgründer und Kreuzritter Dietmar der Anhanger erinnert. Oder gleich zum Roßmarkt, shoppen, ehe man die alte Befestigungsanlage mit dem Schärdinger und dem Braunauer Tor bewundert?

Fast könnte man glauben, die Rieder hielten absichtlich so viele Sehenswürdigkeiten parat, um sich ein Späßchen mit ihren Besuchern zu machen. Das würde dann vielleicht auch jenes Fresko am Hauptplatz erklären, das zwei sich umarmende Narren zeigt, die sich fröhlich grinsend ein »unser seien drei« zuschmunzeln. Hach, wenn man jetzt nur noch wüsste, wer der besagte Dritte ist?

Bei der Stadtverwaltung können Sie sich mit einem Audioguide ausrüsten, der Sie auf Ihrer Entdeckungsreise durch die Stadt begleitet.

13

Silberzeile
Oberer Stadtplatz
A-4780 Schärding

Tourismusverband Schärding
Innbruckstraße 29
A-4780 Schärding
+43 (0)7712 43000
www.schaerding.info

Hotel Gugerbauer
Kurhausstraße 4
A-4780 Schärding
+43 (0)7712 3191
www.hotel-gugerbauer.at

DIE BELIEBTESTE ATTRAKTION GENIESSEN

Silberzeile

Fast ist es so, als würde die Zeit immer langsamer laufen, je näher man dem Zentrum von Schärding kommt. Der Anblick des authentisch erhaltenen Herzens der barocken Stadt zwischen Inn und Pram ist einfach zu fesselnd. 17 Rundgiebelbauten strahlen hier auf der Silberzeile in prächtigen Farben um die Wette und schaffen ein Ambiente, dem sich kein Besucher entziehen kann. Manch einer mag sich da direkt in das Mittelalter zurückversetzt fühlen, als mal bayerische, mal österreichische Fahnen über der Burg wehten und sowohl die Wittelsbacher als auch die Habsburger dem Juwel das Stadtrecht verliehen – historisch wohl einzigartig.

Dank der Umtriebigkeit der Schärdinger Kaufherren, die durch den Handel mit Erzen, Salzen, Seide, Glas, Wein, Getreide und Tüchern großen Reichtum in die Stadt brachten, blühte die Silberzeile ab dem 14. Jahrhundert regelrecht auf und allerlei Betriebe siedelten sich an. Noch heute deuten die unterschiedlichen Fassaden auf die einst so florierenden Gewerbe hin: blau die Bäcker, rot die Metzger, gelb und grün die Wirte.

Besonders entspannt lässt sich Schärding in den zahlreichen Cafés genießen, die den Platz um den friedlich vor sich hinplätschernden Christopherusbrunnen mit Leben füllen. Hier kann man wunderbar Kraft tanken, um die weiteren Sehenswürdigkeiten wie die historischen Befestigungsanlagen, das alte und das neue Rathaus, die Stadtpfarrkirche, Schloss Neuhaus, den Schlosspark, das Geburtshaus des Komponisten Rupert Ignaz Mayr oder das Stadtmuseum zu erkunden. Unbedingt sollte man ein Bier der 1609 erstmals erwähnten Brauerei Baumgartner kosten. Denn am beliebtesten, da sind sich die Historiker weitgehend einig, war Schärding früher nicht wegen seiner prunkvollen Silberzeile, sondern vor allem aufgrund seiner exquisiten Braukunst.

Schärding ist landesweit berühmt für seine Kneippkuren. Einen perfekten Wellnessaufenthalt bietet Ihnen das Hotel Gugerbauer.

14

Stift Engelszell
Stiftstraße 6
A-4090 Engelhartszell
+43 (0)7717 8010
www.stift-engelszell.at

BEIM STIFT AUF A GLASERL ANLEGEN

Stift Engelszell

Egal ob man von Passau oder Linz kommend die Donau auf dem Boot entlangschippert – der kleine Ort Engelhartszell ist immer ein besonders reizvoller Zwischenstopp, nicht zuletzt aufgrund seines beeindruckenden Klosters mit der 76 Meter hohen Turmfront, die schon von Weitem zum Landgang einlädt.

Das Stift Engelszell gehört zum Konvent der Trappisten. Die auch »Zisterzienser der strengeren Observanz« genannten Ordensleute sind für ihr kontemplatives, durch Askese geprägtes Leben in strenger Klausur bekannt. Der Überlieferung zufolge war der auch als »cella angelica« – »Engelszelle« bezeichnete Standort der Abtei über Jahrhunderte hinweg Zankapfel zwischen dem Bistum Passau und den benachbarten Landesherren, bis der Fürstbischof von Passau 1293 hier das Kloster gründete und somit Ruhe, Ordnung und Wohlstand in die Region brachte. Nach einigen Rückschlägen, etwa in der Reformationszeit, während einer Pestepidemie oder nach verheerenden Bränden, wurde die heutige Rokoko-Stiftskirche zwischen 1754 und 1764 fertiggestellt. Der Ort kam zu neuer, aber nur kurzer Blüte: Nur wenig später wurde das Kloster im Zuge der Säkularisierung aufgehoben und erst 1918 durch aus dem Elsass vertriebene Trappisten neu belebt.

Das Kloster bewirtschaftet heute etwa 120 Hektar Wald und 80 Hektar Anbaufläche. Hinzu kommen einige gewerbliche Betriebe sowie ein kleines E-Kraftwerk. Besonders stolz ist das gute halbe Dutzend Klosterbrüder auf seine Likörfabrik mit dem legendären Magenbitter sowie auf die 2012 wieder eröffnete Stiftsbrauerei, die dank ihrer streng limitierten, hervorragenden Biere innerhalb kürzester Zeit überregionalen Ruhm erreicht hat. Schon aus kulturhistorischem Interesse kommt man da wohl nicht umhin und muss ein Glaserl probieren, bevor es wieder zurück auf's Schiff geht!

Kombinieren Sie den Ausflug in das Stift mit einer Schifferlfahrt auf der Strecke Linz-Passau und lassen Sie sich an Bord so richtig verwöhnen!

15

Kubin-Haus Zwickledt
Zwickledt 7
A 1783 Wernstein am Inn
+43 (0)7713 6603
www.ooekultur.at

Geheimnisse unergründet sein lassen

Kubin-Haus im Schloss Zwickledt

»Die Menschen wollen das Leben enträtseln. Mir aber macht erst sein Geheimnis das Leben schön und lebenswert.« Fast möchte man glauben, Alfred Kubin habe genau diesen Gedanken im Hinterkopf gehabt, als er sich 1906 dazu entschloss, mit seiner Frau Hedwig ins Schloss Zwickledt zu ziehen. Nicht nur die Entstehung des zweigeschossigen Gebäudes mit dem kunstvoll aufgesetzten Türmchen ist ein Geheimnis, das weit über seine erste urkundliche Erwähnung 1576 hinausreichen mag. Auch das Schlösschen mit seinem wildromantischen Garten wirkt wie ein einziges, ewiges Mysterium.

Bis in das Jahr 1959 lebte und arbeitete der österreichische Grafiker, Schriftsteller und Buchillustrator in Zwickledt. In dieser Zeit schuf er unzählige Kunstwerke, begründete die Neue Künstlervereinigung München mit, illustrierte Werke unter anderem von Elias Canetti, Edgar Allan Poe und Fjodor Michailowitsch Dostojewski, schuf Bühnenbilder und ertrug die Ablehnung durch den Nationalsozialismus, der einen großen Teil seines Œuvres als entartete Kunst diffamierte. Erkundet man diesen Ort künstlerischer Kreativität, so gelangt man unweigerlich in jenes Arbeitszimmer, in dem Kubin 1909 seinen einzigen Roman *Die andere Seite* geschrieben hat. Seine darin entwickelten Traumvisionen gelten als Meisterwerk der fantastischen Literatur.

Es gibt wohl keinen passenderen Ort als Schloss Zwickledt, um sich dem Leben und Wirken Kubins zu näheren. Wenn sich die Silhouette des Schlosses im morgendlichen Sonnenschein langsam aus dem Geflecht der knorrigen Eichenbäume hervorschält und das kleine Türmchen wie in Zeitlupe Kontur annimmt, dann mag man erahnen, welch einzigartige Stimmungen Alfred Kubin zu seinen so außergewöhnlichen Reisen durch Literatur und Malerei inspiriert haben mögen.

Der *Kubin Kunst- und Naturweg* lädt ein, die fantastische Reise durch Kubins Welt fortzusetzen und unterschiedlichen Lebensabschnitten bis zu seinem Grab auf dem Wernsteiner Friedhof nachzuspüren.

16

Am **Dreiflüsseblick** liegt das **Café-Restaurant Blaas Passaublick**
Hinding 38
A-4785 Freinberg
+43 (0)7713 8107
www.restaurant-blaas.at

WIE EIN ECHTER PROMI DREINSCHAUEN

Aussicht auf die drei Flüsse vom Café-Restaurant *Blaas Passaublick*

Man sagt, vom Dreiflüsseblick in Freinberg hätten schon die berühmtesten Persönlichkeiten den Zusammenfluss von Donau, Inn und Ilz bewundert. Da uns konkrete Namen jedoch nicht überliefert sind, spricht streng genommen auch nichts dagegen, eben jenen Ort zu besuchen und durch den Blick von oben herab quasi automatisch zum Promi zu werden.

Zu sehen gibt es vom malerischen Aussichtspunkt etwas Besonderes: Das weltweit wohl einzigartige Zusammentreffen von drei Flüssen aus drei verschiedenen Himmelsrichtungen, die das ganze Jahr hindurch ein wunderbares Farbenspiel garantieren. Das grüne Gletscherwasser des Inns, der blaue Strom der Donau und die moorgeschwärzte Ilz vermischen sich hier langsam zu einer neuen Farbe, welche die Donau über 2.200 Kilometer bis hin zu ihrer Mündung in das Schwarze Meer prägt. Nachts schimmern die zahlreichen Sehenswürdigkeiten der bayerischen Dreiflüssestadt in einem prächtigen Lichtermeer. Zur Linken die Wallfahrtskirche Mariahilf mit ihrer charakteristischen Himmelsleiter, in der schon der österreichische Kaiser Leopold I. um Rettung betete, als die Türken 1683 Wien belagerten. Im Zentrum die pittoreske Passauer Altstadt mit ihren anmutigen Gässchen und dem markanten Dom St. Stephan, der Hauptkirche der Diözese Passau. Und schließlich zur Rechten die 1219 von Fürstbischof Ulrich II. errichtete Veste Oberhaus, die im Laufe ihrer Geschichte nicht nur allen Belagerungen trotze, sondern sogar Napoleon während dessen Österreichfeldzug als Residenz diente.

Ein kulinarisch exquisiter Blick gelingt hier schon beim Schauen über die eigene Schulter. Das berühmte Café *Blaas Passaublick* verbindet wunderschöne Aussicht und erlesene Speisekarte, darunter mehr als zwanzig Palatschinkenvariationen, die nicht nur den echten Prominenten vorzüglich munden.

Nehmen Sie den gut beschilderten Wanderweg entlang des Haibachtals mit zahllosen faszinierenden Rundblicken und belohnen Sie sich anschließend mit einem Palatschinken im Café *Blaas Passaublick*.

17

Aussichtsturm Alpenblick
Schöneben
A-4161 Ulrichsberg
+43 (0)7288 7031
www.boehmerwald.at

MAL WIRKLICH SCHNELL AUSSCHAU HALTEN

Aussichtsturm Alpenblick

Man darf sich durchaus Zeit lassen, wenn man die Stufen des Aussichtsturms Alpenblick erklimmt, der sich so wunderbar ästhetisch auf der Südseite des Sulzbergs rund 30 Meter in den Himmel hinauf streckt. Man kann es aber auch sportlich nehmen und sich auf den 155 Stufen gleich einmal messen mit dem Reitberger Rudi, dessen Eröffnungssprint aus dem Jahre 2009 mit 37,7-Sekunden bis heute ungeschlagen ist. Kein Wunder, denn der Rekordhalter aus dem benachbarten Julbach ist kein geringerer als der Gewinner des weltberühmten *Empire State Building Run-Up* 2004 und seit Jahrzehnten einer der besten Treppenläufer der Welt. Verlieren ist da keine Schande!

Also doch lieber ganz gemütlich nach oben gehen, um den herrlichen Rundblick nach Tschechien, Bayern und ins Innviertel hinein zu genießen! Besonders spektakulär wird die Aussicht freilich nach Süden, wo man bei günstigem Wetter und Fernsicht über das Tal der Großen Mühl bis hin zum Dachstein schauen kann.

Doch warum in die Ferne schweifen, wenn auch das Nahe so viel Besonderes zu bieten hat? Der Aussichtsturm ist in der Tat eine architektonische Meisterleistung: Die Gebrüder Resch fertigten ihn aus circa 365 Kubikmeter Tannenholz an, das wiederum im nicht weit entfernten Wald des Stifts Schlägel geschlagen und zu besonders formstabilem Brettschichtholz weiterverarbeitet wurde. Wer aber glaubt, die Konstruktion inmitten des schwer zugänglichen dichten Nadelwaldes müsse lange gedauert haben, der sei sofort eines Besseren belehrt: Die Eröffnungsfeier mitsamt besagtem Treppenlauf vom Reitberger Rudi fand nach nicht einmal einer Woche Bauzeit statt. Schnell sind sie hier am Ulrichsberg also anscheinend alle, das muss man neidlos zugestehen!

Nur wenige hundert Meter entfernt gelangen Sie auf dem Sulzberg zum Aussichtsturm Moldaublick, der Ihnen ein wunderbares Panorama auf den Stausee Lipno und den tschechischen Böhmerwald eröffnet.

18

Webereimuseum im Textilen Zentrum Haslach
Stahlmühle 4
A-4170 Haslach
an der Mühl
+43 (0)7289 72300
www.textiles-zentrum-haslach.at

Gasthaus Kulinarium Vonwiller
Stelzen 15
A-4170 Haslach
an der Mühl
+43 (0)7289 71316
www.gasthaus-vonwiller.at

DEN FADEN WEITERSPINNEN

Webereimuseum

Die vielzitierte Phrase von der »bewegten Geschichte« trifft auf den ehemaligen weltberühmten Textilindustriestandort Haslach an der Mühl besonders zu. Am Südrand des Böhmerwaldes inmitten anmutiger Waldgebiete gelegen, hat er seit seiner ersten urkundlichen Erwähnung 1256 ein wildes Auf und Ab von schönen und schlechten Jahren durchleben müssen.

Nachdem Haslach 1341 das Marktrecht verliehen worden und dank florierendem Handel zu großem Wohlstand gelangt war, fielen die Hussiten 1427 ein und machten den Ort dem Erdboden gleich. Zweihundert Jahre später kam die nächste Katastrophe, als Haslach in den Wirren des Bauernkrieges stark in Mitleidenschaft gezogen wurde. Kaum hatte man sich hiervon erholt, zerstörten mehrere verheerende Brände den Ort, wieder und wieder.

Bei all den Katastrophen ließen sich die Haslacher aber niemals unterkriegen und besannen sich immer wieder auf ihre außerordentliche Tüchtigkeit. Ökonomischen Aufschwung brachte vor allem die Leinenweberei. Die 1819 von der Mailänder Handelsfamilie Vonwiller auf den Grundfesten von acht Bürgerhäusern gegründete, architektonisch interessante Textilfabrik produzierte Stoffe von höchster Qualität für den Weltmarkt und prägt bis heute das Ortsbild. Doch das Schicksal ereilte auch das Familienunternehmen, der Absatz brach ein und 1998 endete die regionale Erfolgsgeschichte.

Es ist den großen Bemühungen der Haslacher zu verdanken, dass das Andenken an die Stoffindustrie bis heute bewahrt wird. 1999 kauften sie das Areal und machten daraus ein Veranstaltungs- und Kulturzentrum, in dem neben der *Mechanischen Klangfabrik* besonders das Webereimuseum hervorsticht. Ein wunderbarer Ort, um den historischen Faden des Textilstandortes auf kurzweilige Art Tag für Tag weiterzuspinnen.

Probieren Sie unbedingt Leinölerdäpfel, eine Haslacher Spezialität. Besonders lecker schmecken die warmen Kartoffelscheiben an Sauerrahm und Leinöl zusammen mit Räucherlachs im Gasthaus Vonwiller.

19

Hochficht
Startpunkt Böhmerwald-rundweg: Ortszentrum
A-4163 Klaffer am Hochficht

Hochficht Bergbahnen
Hochficht 1
A-4163 Klaffer am Hochficht
www.skisport.com/hochficht

Bio-Heilkräutergarten Klaffer
Am Kräutergarten 1
A-4163 Klaffer am Hochficht
+43 (0)7288 702613
www.heilkraeutergarten.at

ZU RECHT UNRECHT HABEN

Wander- und Skigebiet Hochficht

Man hat natürlich Unrecht wenn man glaubt, dass man zum zünftigen Bergwandern oder Skifahren unbedingt die Alpen braucht. Vielmehr beheimatet auch der Böhmerwald, jene lang gezogene Bergkette an der tschechisch-österreichischen Grenze, ein veritables Freizeitgebiet, welches das ganze Jahr hindurch keine Wünsche offenlässt.

Wenn der kalte Böhmerwind dicke Schneemassen auf den Hochficht und die benachbarten Zwieselberg und Reischlberg gebracht hat, dann kann man hier wunderbar beschwingt ins Tal hinabsausen – auf Skiern, Snowboard oder Schlitten. Wem die überwiegend leichten Strecken mit einer Gesamtlänge von 20 Kilometern zu wenig anspruchsvoll erscheinen, der findet auf der FIS-Abfahrt und der FIS-Slalomstrecke zwei Herausforderungen auf Europacup-Niveau. Hinunter kommt man auch solche Pisten ja immer, und hinauf in jedem Falle auch, dank immerhin sieben Schlepp- und vier Sesselliften, zwei Förderbändern sowie einer Gondelbahn. Freunde der flachen Wege schätzen die mehr als 160 Kilometer Langlaufloipen, und Kinder finden ihr schneereiches Vergnügen im eigenen Kids Park.

Spätestens mit der Schneeschmelze wird die Region um die kleine Gemeinde Klaffer zu einem echten Paradies für Wanderer und Naturfreunde. Besonders reizvoll und genau so herausfordernd wie man es möchte, lockt der Böhmerwaldrundweg mit einer Gesamtlänge von 122 Kilometern. Auf dem *Weg der Entschleunigung* darf man ganz entspannt in die ehemalige Grenzregion eintauchen und die Naturlandschaft in aller Stille genießen. Wer es lebhafter mag, der spielt eine Partie Golf oder schwingt sich auf sein Fahrrad und erkundet die abwechslungsreiche Tier- und Pflanzenwelt. Oder man lehnt sich einfach zurück, schließt die Augen und lauscht den wunderbar sanften Klängen des Windes in dieser so spektakulär unspektakulären Natur.

Ein echtes Kräuterparadies liegt inmitten des Ortes Klaffer: Im größten Bio-Heilkräutergarten Österreichs finden Sie mehr als 1.000 Heilpflanzen in wunderschönen gartenbaulichen Arrangements.

20

Mühltalhof
Unternberg 6
A-4120 Neufelden
+43 (0)7282 6258
www.muehltalhof.at

Fernruf 7
Unternberg 7
A-4120 Neufelden
+43 (0)660 6501519
www.fernruf.at

Einfach »ois« genießen

Hotel-Restaurant *Mühltalhof* in Unternberg

»Du, sei so nett und bring ma belgische Schwarzwurzeln, frische Kohlsprossen, den guadn Biorettich, Herbsttrompeten und a paar Kerbelknollen. Ah, und hast du no die feinen Feigen und Mini-Kiwis? Da nehm ich a Kisterl.« Wer Philip Rachinger beim Bestellen zuhört, merkt sofort, welch außerordentlicher Sachverstand hier auf eine spürbare Begeisterung für gute Küche trifft. Entstanden ist daraus der *Mühltalhof*, ein exquisites Restaurant mitsamt Hotel im malerischen Mühlviertel.

Der Spitzenkoch hat in London und Paris gelernt und ist zurückgekehrt, um ein Lokal zu schaffen, das höchsten kulinarischen Ansprüchen gerecht und mittlerweile geradezu mit Lob überhäuft wird: »Aufsteiger des Jahres in Oberösterreich« 2014, vier *Gault-Millau*-Hauben, vier Sterne im Gourmet-Magazin *À La Carte* und sensationelle 97 *Falstaff*-Punkte für herausragende Qualität.

Dabei sind die exotischen Zutaten, die der junge Familienvater täglich frisch beim Feinkosthändler bestellt, nur die sprichwörtliche »Cherry on the top« seiner ausgezeichneten Küche. Die Basis bilden regionale und saisonale Produkte wie Fisch aus dem nahen Linz, Rindfleisch vom Bauern nebenan oder Wildbret aus dem Wald gegenüber. Dank köstlicher Tasting-Menüs mit satten zwölf Gängen können die Gäste, die aus ganz Europa heranströmen, in eine kulinarische Raffinesse eintauchen, die ihresgleichen sucht.

Verlässt man den stylischen Gastraum mit der herrlichen, verglasten Terrasse und der wunderbaren Aussicht auf den friedlich vor sich hinplätschernden Mühlbach, kann man ein echtes Kleinod entdecken. Die unzähligen Fotos im historischen »Stüberl« nebenan eröffnen nicht nur einen bezaubernden Einblick in die jahrhundertelange gastronomische Tradition der Rachingers, sondern auch eine Antwort auf die Frage, was den jungen Ausnahmekoch tagtäglich zu seinen Spitzenleistungen inspirieren mag.

Wie der Vater, so der Sohn? Kehren Sie gegenüber im *Fernruf 7* ein und finden Sie es heraus. Helmut Rachingers Lokal ist urig, herzlich und authentisch und immer einen Abstecher wert.

21

Waldkapelle Maria Rast
Erreichbar von
A-4184 Helfenberg über Piherschlag. Folgen Sie der Beschilderung Richtung Brennten bis zum Parkplatz und gehen von dort auf dem Forstweg weiter.
www.dioezese-linz.at

Aviva make friends
Höhenweg 1
A-4170 St. Stefan-Afiesl
+43 (0)7216 37600
www.hotel-aviva.at

VON DER HEILIGEN QUELLE TRINKEN

Waldkapelle Maria Rast

Folgt man den Darstellungen des koptischen Theologen Otto Meinardus, dann lässt sich mithilfe apokrypher Schriften genau rekonstruieren, welchen Weg die Heilige Familie nach der Geburt Jesu Christi zurückgelegt hat. Von Bethlehem zogen sie demnach über den Sinai und das Nildelta bis nach Mittelägypten, von wo sie nach vielen Jahren nach Israel zurückkehrten.

Nun gibt es aber auch andere Schilderungen der frühen Kindheit Jesu. Glaubt man den Afiesler Erzählungen, dann machte die Heilige Familie sogar in Oberösterreich Rast. Müde vom weiten Wege legten sie sich im Guglwald auf den steinigen Boden, und wie durch ein Wunder wurde der Untergrund sanft wie ein Polster und geleitete zu einem geruhsamen Schlaf. Am nächsten Morgen tat sich vor Marias Füßen eine Quelle auf, in der sie den kleinen Jesus wusch, bevor sie ihre anstrengende Reise fortsetzten. Seitdem wird der Ort von den Einheimischen »s'Paradies« genannt, und dem kühlen Nass werden heilende Kräfte zugeschrieben.

Bis heute zieht diese Geschichte unzählige Wallfahrer an, die sich auf den Weg in den Wald machen, um vom Quellwasser zu trinken und sich die Augen zu benetzen. Nicht selten lassen Menschen aus Nah und Fern sogar ihre Kinder hier taufen, und Erzählungen von Wunderheilungen machen seit Jahrhunderten die Runde. Natürlich kann man zu einer solchen Mystik ganz unterschiedlich stehen. Unbestreitbar ist jedoch, dass der Weg zur Quelle durch den dichten Fichtenwald eine gar wunderbare, leichte Wanderroute darstellt, an deren Rändern sich eine Vielzahl vorchristlicher Relikte hervorschälen. Historische Spuren, die einen beim Aufenthalt im Schatten der malerischen Wallfahrtskapelle Maria Rast rasch nachvollziehen lassen, warum der Ort die Menschen schon immer nahezu magisch angezogen hat.

Singles residieren im nahegelegenen Hotel Aviva inmitten der malerischen Grenzlandschaft. Ein idealer Startpunkt, um die Gegend des ehemaligen eisernen Vorhangs besser kennenzulernen.

22

An der **Donauschlinge** liegt das **Riverresort Donauschlinge**
Schlögen 2
A-4083 Haibach ob der Donau-Schlögen
+43 (0)7279 8212
www.donauschlinge.at

DIE SCHIMMERNDE KURVE KRIEGEN

Donauschlinge bei Schlögen

Mit einer Gesamtlänge von mehr als 2.850 Kilometern ist die Donau der zweitlängste Fluss Europas. Auf ihrem Weg vom mittleren Schwarzwald bis hinein ins Schwarze Meer durchfließt sie stolze zehn Länder und unzählige faszinierende wie auch ästhetische Naturlandschaften. Mit am reizvollsten, und das mag die Wahl zum *Naturwunder Oberösterreichs* 2008 bestätigen, ist der Blick auf den stolzen Fluss bei Schlögen, etwa auf halbem Wege von Passau nach Linz. Hier trifft die gemächlich mäandrierende Donau plötzlich auf das mächtige Böhmische Massiv. In mühevoller, jahrtausendelanger Arbeit musste sie sich ihren Weg durch die harten Gneise und Granite bahnen und dabei fast 300 Meter tief eingraben. Das Resultat eines solchen einzigartigen Aufeinandertreffens wird von Geomorphologen etwas sperrig als »epigenetisches Durchbruchstal« bezeichnet, während Landschaftsgenießer deutlich anschaulicher von der »Schlögener Schlinge« sprechen.

Eine eindrucksvolle Szenerie mitsamt schmalem Prall- und weiter gefasstem Gleithang am blau glänzenden Fluss eröffnet sich nach einem leichten Fußmarsch vom Autoparkplatz rechts der B130 direkt vom »Schlögener Blick«. Hier kann man nicht nur die Naturlandschaft genießen, sondern beim genauen Hinsehen sogar beobachten, wie emsig strampelnde Radfahrer die Donau herabdüsen, um dann mit viel Schwung die malerisch schimmernde Kurve nachzufahren.

Wanderfreudigere Kameraden lassen die Burgruine Haichenbach nicht außen vor. Auf einem schmalen Plateau gelegen bietet sie nicht nur einen wunderbaren Einblick in die mittelalterliche Geschichte der Region, als hier das Ministerialadelsgeschlecht derer von Eichenbach herrschte. Auch die Landschaftsgeschichte erschließt sich an diesem Ort wie in einem Bilderbuch.

Nehmen Sie sich drei Stunden Zeit und schlagen Sie die gut beschilderte »Wasserfallrunde« ein. Von der Donaubrücke in Niederranna führt der Weg über die Burgruine Haichenbach bis direkt nach Schlögen.

23

Rosarium Gruber
Trattwörth 3
A-4070 Fraham
+43 (0)664 4647227
www.rosarium-gruber.at

Synästhesie verstehen lernen

Rosarium Gruber

Selbst wer im Deutschunterricht seinerzeit wirklich aufgepasst und sich nach bestem Wissen und Gewissen bemüht hat – manche Begriffe der deutschen Sprachwissenschaft blieben dann doch auf ewig ein tiefes Geheimnis. All diejenigen aber, die die Ergründung des schwer verdaulichen Terminus »Synästhesie« nicht mehr auf die lange Bank schieben möchten, denen sei der Besuch des Rosariums Gruber dringend angeraten. Gerade in den Frühlings- und Sommermonaten kann man hier inmitten einer einzigartigen Rosenpracht endlich in natura verstehen, was man dereinst so brav als »hypersensible Empfindung äußerlicher Sinnesreizung« für die nächste Abfrage der strengen Deutschlehrerin auswendiglernte.

Am Rande der Donauauen gelegen eröffnet sich dem Gast ein weitläufiges Areal, das neben der Rosenzucht vor allem durch das Rosarium zu begeistern weiß. Um die Jahrtausendwende nach dem Vorbild eines barocken Rabattengartens angelegt, findet man hier dutzende an historischen und öfter blühenden Strauchrosen in einem stilvollen architektonischen Ambiente. Die »Königinnen der Blumen« ziehen schon von Weitem mit ihrem Duft Jung und Alt nahezu magisch in den Bann und lassen allesamt verzückt durch die farbenprächtige Anlage streifen. Nicht nur Rosenkenner werden sich rasch für die ästhetische Vielfalt dieses Ortes, die von Moosrosen über Romantikrosen bis hin zu Moyesii Rosen reicht, begeistern.

Spätestens wenn man zurück im eigenen Hause ist, die Augen schließt, an das Rosarium Gruber denkt und diese wunderbare Duft- und Farbenpracht sich in allen Facetten der Sinneswahrnehmung erschließt, dürfte auch die strenge Deutschlehrerin von damals glücklich lächeln. Denn jetzt hat man wirklich verstanden, was Synästhesie bedeutet.

Der Besuch ist besonders lohnenswert an sonnigen Tagen während der Rosenblütezeit zwischen Mai und Juli. Nehmen Sie sich einen Rosenstock für zu Hause als blühende Erinnerung mit!

24

Buntglasfenster der Stadtpfarrkirche Eferding

G'schichtnweg
Startpunkt: **Stadtpfarrkirche Eferding**
Kirchenplatz
A-4070 Eferding
www.dioezese-linz.at

Stadtmarketing und Tourismus Eferding
Stadtplatz 31
A-4070 Eferding
+43 (0)7272 5555160
www.einkaufen-in-eferding.at

HISTORISCHEN SPUREN NACHGEHEN

G'schichtnweg

Unweit der Donau thront das charmante Eferding, eine der ältesten Städte des Landes. Wohl nur an wenigen Plätzen kann man die Siedlungsgeschichte Oberösterreichs auf so kurzen Wegen nachvollziehen wie in dem beschaulichen Ort im Hausruckviertel. Also nichts wie auf zur Entdeckungstour entlang des Eferdinger G'schichtnwegs! Auf zwölf kurzweiligen Stationen, vom Roten Turm über das Fernrohr, den Rätselbrunnen, das Astrolabium, die Magische Mauer bis hin zum Bodenmosaik, erhält man hier Schritt für Schritt Einblicke in die wechselvolle Vergangenheit der Stadt bis in die Römerzeit zurück. Zu Beginn des 1. Jahrtausends, lange vor den Flussbegradigungen und Eindeichungen, war Eferding ein bedeutender Verkehrsknotenpunkt am Donaulimes.

Vom niederdeutschen Wort für »Fluss« – »Evers« – soll die Siedlung auch ihren Namen erhalten haben, wenngleich die Bayern gerne behaupten, ein im 6. Jahrhundert ausgewanderter Edelmann *Efrito* sei hierfür verantwortlich gewesen. Unstrittig ist jedoch die Erwähnung des Bischofs Pilgrim von Passau im Nibelungenlied, der Kriemhild im noch heute existierenden Schloss derer von Starhemberg übernachten ließ.

Vom *Fürstlich Starhembergschen Familien- und Stadtmuseum Eferding* über die Burgruine Schaunberg bis hin zum Schifer'schen Erbstift und dem wunderschönen Stadtplatz mit der Dreifaltigkeitssäule – die 4.000-Seelen-Gemeinde verfügt über einen schier unendlichen kulturellen Schatz. Einen Höhepunkt stellt der dem Heiligen Hippolyt geweihte »Eferdinger Dom« dar. Die Pfarrkirche, eine spätgotische, dreischiffige Hallenkirche, die nachträglich barockisiert wurde, gilt als eine der schönsten ihrer Art in ganz Oberösterreich und weiß besonders durch ihre kunstvollen Fenster zu verzaubern.

Eferding liegt direkt am Donauradweg – schwingen Sie sich auf Ihren Drahtesel und erkunden Sie das abwechslungsreiche Umfeld des Ortes!

25

Burgruine Schaunberg
Schaumberg
A-4074 Schaumberg

Gemeindeamt Hartkirchen
Kirchenplatz 1
A-4081 Hartkirchen
+43 (0)7273 8956
www.hartkirchen.ooe.gv.at

DOPPELT SO SCHÖN INS LAND SCHAUEN

Burgruine Schaunberg

Der wohl spektakulärste Blick auf die Landschaft bei Eferding eröffnet sich bei einem Besuch der Burgruine Schaunberg, die nahe des Ortes Hartkirchen hoch über der Donau auf einem Felssporn thront. Die einstige Stammburg der Grafen von Schaunberg gilt als ehemals größte Burganlage Oberösterreichs und mag in ihren besten Jahren gut 17.500 Quadratmeter umfasst haben. Mit dem Aussterben des Gründerhauses 1559 gelangte das Anwesen in den Besitz der Starhemberger, einem bedeutenden oberösterreichischen Hochadelsgeschlecht.

Erstmals 1161 urkundlich erwähnt, wurde das Kastell mit seinem Palas, der Kapelle, dem Wohnbereich und dem gotischem Tor in den darauffolgenden Jahrhunderten sukzessive um einen mächtigen Bergfried erweitert, der mit einer Gesamthöhe von 32 Metern als der größte seiner Art in ganz Österreich gilt. Von oben herab kann man nicht nur die eindrucksvolle Ruinenlandschaft bewundern, die sich innerhalb der imposanten Wehranlagen erstreckt, sondern auch den einzigartigen Ausblick auf das Donautal genießen – die Sicht reicht über das Eferdinger Becken bis ins Mühlviertel hinein. Manch einer mag da an die alten Rittersleute denken, die von hier aus über die Verkehrsschneise wachten und Frieden und Wohlstand in der Region sicherstellten.

Es gibt wohl nur wenige Orte für ein authentisches mittelalterliches Picknick, die sich mit dem Schaunberger Innenhof messen könnten. Doch auch der Weg den Bergfried hinauf lohnt sich allemal, schon allein um dem Namen der Burg die Ehre zu erweisen und »vom Berg zu schauen«. Literarisch interessiertere Besucher spüren den Worten des ehemaligen Vizebürgermeisters von Hartkirchen, Albert Rothmayer, nach, der einst so schön formulierte: »Vagunn da den Blick und steig afi af d'Heh, den van da drob'n is d'Welt sicha doppelt so sche«.

Radler finden ihr Glück auf der Burgen- und Schlösserrunde. Von der Burg führt sie zum Schloss Starhemberg, zum Garten der Geheimnisse in Stroheim und zur Wallfahrtskirche Hilkering.

26

Schloss Tollet
Tollet 1
A-4710 Tollet
+43 (0)7248 62401
www.tollet.at
www.kulturama.at

OBSOLETE GRENZEN WIEDERFINDEN

Schloss

Der *Hausruck* mit seinen Fichten-, Eichen- und Hainbuchenwäldern gehört zu den größten zusammenhängenden Waldgebieten Mitteleuropas. Das eher unscheinbare, seichte Hügelland von ungefähr 30 Kilometern Länge erfüllte über Jahrhunderte hinweg eine bedeutende Funktion. Hier verlief lange Zeit die Grenze zwischen Bayern und Österreich. Auch als der Bayerische Erbfolgekrieg 1779 mit dem Frieden von Teschen endete und die Landesgrenze plötzlich deutlich weiter nach Norden wanderte, blieben zahlreiche Demarkationen in der Landschaft erhalten. Eine besonders ansehnliche ist das Schloss Tollet, das in seinen Ursprüngen bis in das Jahr 1170 zurückreicht und in seinem heutigen Grundriss von 1601 bis 1611 durch den protestantischen Landesfürsten Hans V. Jörger von Tollet erbaut wurde. Hoch über dem Trattnachtal gelegen, diente der mehrmals umgestaltete Renaissancebau bis in die napoleonische Zeit hinein als Befestigungsanlage, ehe er schrittweise in seine heutige Nutzung als Museum, Wohngebäude und Sitz des Tolleter Gemeindeamtes überführt wurde.

Flaniert man durch das großzügige Areal mitsamt dem Schlosspark, dem Turm und den bemerkenswerten Pferdeställen im englischen Stil, so lässt es sich wunderbar nachvollziehen, wie es hier wohl zugegangen sein mag, als dereinst nur wenige Kilometer nördlich die Bayern hausten. Und man mag vielleicht auch verstehen, warum in dieser schwer zugänglichen Gegend Spottverse, Landlstrophen und abfällige Gstanzen über die Innviertler, respektive »Rindviertler«, noch viele Jahrzehnte nach der Eingliederung in das Land ob der Enns in Wirtshäusern und am Kaminfeuer rezitiert wurden. Um dann doch mit einem Lächeln festzustellen, wie willkürlich dies alles aus heutiger Perspektive erscheinen mag.

Besonders sehenswert ist der Hofumgang im Inneren des Schlosses aus dem Jahre 1607 mitsamt seiner kunstvollen Abschlussgitter.

27

Erlebnisberg Luisenhöhe
Luisenhöhe 3
A-4680 Haag am Hausruck
www.luisenhoehe.at

Schloss Starhemberg
Haager Heimatmuseum
Starhemberg 1
A-4680 Haag am Hausruck
+43 (0)7732 2255
www.haager-
heimatmuseum.at

HERAUSFORDERUNGEN MEISTERN

Erlebnisberg Luisenhöhe

Für den prominenten oberösterreichischen Weltenwanderer Gregor Sieböck liegt die große Herausforderung eines jeden Abenteuers im Mut zum Aufbruch und der Bereitschaft, sich der Ungewissheit neuer Wege zu stellen. Diese Erkenntnis könnte nicht sinnbildlicher sein für die Aufgabe, der sich die kleine Gemeinde Haag am Hausruck einst gestellt hat: Mit viel Idealismus wurde der alte Sessellift zur Luisenhöhe auf rund 700 Metern im Jahre 2012 abgebaut und durch eine hochmoderne Schienenseilbahn ersetzt. Rund herum entstand ein vielfältiges Freizeitvergnügen, das Genusswanderer wie auch Naturliebhaber und Sportbegeisterte gleichermaßen erfreute und die Gemeinde fortan um einen weithin gelobten »Erlebnisberg« bereicherte. Doch so rasch dieser Aufschwung erfolgte, so unbarmherzig war auch der Weg nach unten: Während der Corona-Krise brachen die Touristenzahlen ein und die Erlebnisbahn mitsamt dem angeschlossenen Sommerrodelparcours mussten Konkurs anmelden.

Dass sich die Luisenhöhe trotzdem großer Popularität erfreut, liegt an der malerischen Landschaft, die jeden schweißtreibenden Aufstieg wettmacht und mit schönsten Aussichten auf Hausruck, Inntal und Alpenvorland belohnt. Und an den unzähligen Erlebnissen, die der traumhafte Wald auch ohne Seilbahn offenbart. Sei es der zauberhafte Weg der Sinne mit seinen vielfältigen Herausforderungen für Augen, Ohren, Geruchs- und Geschmacksnerven sowie für die Orientierungs- und Gleichgewichtsfähigkeit. Abenteuerliche Stunden verheißen zudem der Waldspielplatz für Jung und Alt oder der Waldhochseilpark, der nicht nur Kletterbegeisterte fordert, sondern überdies den Teamgeist von unzähligen Sportvereinen, Klassen und Unternehmen beflügelt. Den krönenden Abschluss eines Erlebnistages auf der Luisenhöhe findet man bei einer zünftigen Brotzeit in der urigen Waldschanke. Und wer weiß – vielleicht trifft man hier schon den nächsten Investor, der die Geschichte dieses wunderbaren Ortes mit viel Mut fortschreiben wird?

Der Haager Marktplatz mit seinen Wirtshäusern lädt zum gemütlichen Essen ein. Kulturinteressierte schauen noch schnell beim Schloss Starhemberg vorbei, das sich etwas nordwestlich hiervon befindet.

28

Aquapulco – Die Piratenwelt
Promenade 1
A-4701 Bad Schallerbach
+43 (0)7249 4400
www.piratenwelt.at

Tourist-Info Vitalwelt
Promenade 2
A-4701 Bad Schallerbach
+43 (0)7249 420710
www.vitalwelt.at

DAS ERLEBNISBAD ENTERN

Aquapulco – Die Piratenwelt

Landratten aufgepasst! Um ein echtes Seeräubernest entern zu können, bedarf es keiner langwierigen Schiffsfahrten in die entlegensten Ecken der Karibik. Die Piratenwelt Aquapulco in Bad Schallerbach kann man nämlich ganz unkompliziert mit Auto, Bus, Bahn oder Fahrrad erreichen. Also Schotten dicht, Segel gesetzt und nichts wie auf ins feucht-fröhliche Vergnügen inmitten Oberösterreichs!

Der Ableger des *EurothermenResorts* bietet nicht nur angehenden Freibeutern und Korsaren unzählige Attraktionen, sondern spricht einen jeden an, der Badevergnügen und Action gerne miteinander verbindet. Was wäre also ein besserer Start als eine wilde Rutschpartie hinein ins warme Wasser? Am besten natürlich gleich auf der Kamikazerutsche, die mit ihrem Gefälle von bis zu 50 Prozent selbst den mutigsten Wasserratten ein nervöses Grinsen entlockt? Oder doch auf die gemütlichere, flache *Snaky*, deren sanfte Kurven auch Oma und Opa begeistern dürften?

Egal ob man von hoch über der Bucht nach einer sportlichen Kletterei über Planken und Takelage auf das Geschehen blickt, die Brandung im Wellenbad über einen hereinbricht, man im Doppelreifen durch Krake und Piratenschiff treibt, seinen Nachwuchspiraten beim Krabbeln in der *Baby Bay* zuschaut, einen Drink an der Haifischbar genießt oder einfach nur beim gemütlichen Bad im angenehmen Thermenwasser entspannt. Ein Tag im Aquapulco lohnt sich immer. Aber Vorsicht: Natürlich treiben hier auch waschechte Korsaren ihr Unwesen! Wenn er nicht gerade auf Kaperfahrt unterwegs ist, huscht der berüchtigte Captain Splash durch die Erlebniswelt und brennt dabei sehenswerte Effektfeuerwerke ab, sehr zum Vergnügen von Jung und Alt. »Hach«, mag da so mancher seufzen, »wäre ich nur Pirat geworden, dann hätte ich solchen Spaß einen jeden Tag!«

Unweit des Erlebnisbads verläuft der Trattnachtal-Lehrpfad. Zahlreiche Schautafeln informieren über die regionale Flora und Fauna. Der ideale Landgang für alle Naturfreunde!

29

Basilika Mondsee
Wredeplatz 3
A-5310 Mondsee
+43 (0)6232 4166
www.pfarre-mondsee.com

DEN »SOUND OF MUSIC« SPÜREN

Basilika

Wenn man es innerhalb der römisch-katholischen Kirche zu etwas gebracht hat, dann ist das gemeinhin mit einer Beförderung verbunden. Doch nicht nur Bischöfe oder Kardinäle können sich entsprechender Titularehren erfreuen, sondern auch kirchliche Bauwerke. Die bedeutendsten unter ihnen erhalten gar vom Papst persönlich den Ehrentitel der sogenannten Basilika und werden damit in einen erlesenen Kreis von nur 1.650 Kirchen weltweit aufgenommen.

Nicht nur die gläubigen Menschen am Mondsee sind von einem gewissen Stolz erfüllt, wenn sie von ihrer Basilika zum Heiligen Michael sprechen. Die Geschichte der ehemaligen Stiftskirche geht auf ein romanisches Bauwerk zurück, das nach der Zerstörung 1470 durch einen gotischen Nachfolger, eine außerordentlich schöne dreischiffige Staffelkirche mit malerischen Altären, ersetzt wurde. 2005 schließlich wurde die Geschichte des »kulturellen und spirituellen Herzens der Mondseeregion«, wie es gerne beworben wird, durch die Ernennung zur Basilica minor durch Papst Johannes Paul II. gekrönt. Seinen weltweiten Ruhm, der dem Sakralbau jährlich rund 200.000 Besucher beschert und ihn zum wohl meistfotografierten Ort der Region macht, verdankt die Basilika allerdings einem ganz anderen Phänomen: Hier gaben sich dereinst Julie Andrews und Christopher Plummer das Jawort im Streifen *The Sound of Music*. Die Verfilmung des Musicals erzählt die Geschichte der österreichischen Familie Trapp in den Wirren des Zweiten Weltkriegs und gilt als eine der erfolgreichsten Hollywoodproduktionen aller Zeiten. Spätestens wenn man vor dem prächtigen Altar inmitten hunderter seufzender amerikanischer Touristen steht, muss auch der größte Kinomuffel eingestehen, dass man hier an einem Ort voller Magie ist, wie er nur aus einem ganz einzigartigen Filmerlebnis für die Ewigkeit geschaffen werden kann.

Die unbestritten beste Vorbereitung auf einen Besuch der Basilika ist ein gemütlicher Abend mit *The Sound of Music* und einer angemessenen Menge an Popcorn.

30

Ziehrer Ruhe
Kaianlage Mondsee
A-5310 Mondsee

Tourismusverband Mondsee-Irrsee
Dr. Franz Müller Straße 3
A-5310 Mondsee
+43 (0)6232 2270
https://mondsee.salzkammergut.at

MELODIEN FÜR MILLIONEN ERSINNEN

Durchatmen an der *Ziehrer Ruhe*

Wer träumt nicht auch hin und wieder von der »guten alten Zeit«? Früher war halt doch vieles besser, einfacher und vor allem gefühlvoller. Schon im 19. Jahrhundert verstand es der österreichische Komponist Carl Michael Ziehrer meisterhaft, in seinen mehr als 600 Tänzen und 23 Operetten die Sehnsucht nach vergangenen Jahren zu wecken. Als Kapellmeister des berühmten *K. u. k. Infanterie-Regiments Hoch- und Deutschmeister Nr. 4* und in seiner Funktion als k. u. k. Hofballmusikdirektor schaffte es der Nachfolger von Johann Strauss, die romantische Verklärung in Melodien zu packen, welche die Menschen in ganz Österreich beseelten.

Sucht man nach der Quelle der Inspiration des Künstlers, so gelangt man schnell an die Promenade in Mondsee, wo Carl Michael Ziehrer zwischen 1897 und 1906 seine Sommer verbrachte und an zahlreichen Werken arbeitete. »Arbeiten wollte«, müsste man aber eigentlich sagen, denn sein offenes, sympathisches Wesen verführte die neugierige Mondseer Gesellschaft ein ums andere Mal dazu, sich auf einen Tratsch zu ihm zu gesellen – und weg war die kreative Ruhe. Wie glücklich mag Ziehrer wohl gewesen sein, als sich die Fürstin Ignatia von Wrede seiner erbarmte und ihm ein exklusives, abgeschiedenes Bankerl direkt am See spendierte. Im Schatten prächtiger Ulmen konnte der berühmte Komponist fortan ungestört seine bekanntesten Orchesterwerke fertigstellen und sich von der traumhaften Natur inspirieren lassen.

Wen die Sehnsucht nach der »guten alten Zeit« umtreibt, dem sei der Besuch der *Ziehrer Ruhe* empfohlen. Beim Blick auf den malerischen Mondsee mit dem Schafsberg im Hintergrund findet ein jeder seine kreative Ruhe – und vielleicht sogar diese ganz besondere Melodie für die Herzen von Millionen, wie dereinst Carl Ziehrer.

Die *Ziehrer Ruhe* ist das ganze Jahr hindurch ein wunderbares Ausflugsziel. Besonders romantisch wird der Tag am Seeufer natürlich mit einem Picknick und einer Operette Ziehrers im Kopfhörer.

31

Den **Irrsee** erkunden von
A-4893 Zell am Moos

Tourismusverband Mondsee-Irrsee
Dr. Franz Müller Straße 3
A-5310 Mondsee
+43 (0)6232 2270
https://mondsee.
salzkammergut.at

DAS VERSUNKENE SCHLOSS SUCHEN

Irrsee

Einer alten Sage nach ist die Entstehung des südlich von Straßwalchen zwischen grünen Hügeln gelegenen Irrsees rasch erklärt: Wo heute das Wasser des wärmsten Badesees Oberösterreichs im Licht der Sonne glitzert, mögen dereinst nämlich ein Schloss und eine Kirche gestanden haben, welche zwei ungleiche Schwestern erbten. Die eine, gottesfürchtig und milde, nutzte ihren Wohlstand, um Gutes zu tun und den Bedürftigen zu helfen, während ihr schwesterliches Gegenstück verschwenderisch in Saus und Braus lebte und die Armen gar grausam quälte. Bei so viel Ungerechtigkeit öffneten sich alsbald die Himmelspforten und spien Unmengen an Wasser auf das Idyll, bis dieses vollständig in einem sanften Gurgeln untergegangen war.

Aber halt! Die moderne Forschung, so kann man allerorts lesen, hat die Geschichte von den beiden ungleichen Schwestern schon längst entzaubert. Der Irrsee ist demnach gegen Ende der letzten Kaltzeit vor circa 15.000 Jahren entstanden, als es langsam wärmer wurde, sich der Traungletscher aus der Region zurückzog und ein Zungenbecken zurückließ, das sich über die Jahre mit Schmelzwasser füllte.

Egal ob man nun mehr der Sage oder der Wissenschaft Glauben schenken möchte, die ästhetische Naturlandschaft verzaubert einen jeden Geist. Zahlreiche Moore und Moose umranden weite Teile des Sees, um genau an den schönsten Stellen von gut zugänglichen Badeplätzen unterbrochen zu werden. Da möchte man am liebsten sofort hineintauchen in das wohltemperierte Nass und nach Herzenslust vor sich hin planschen. Und vielleicht auch mal etwas länger unter Wasser bleiben, die Augen öffnen und schauen, ob man es nicht doch zufällig findet, dieses sagenhafte Schloss der beiden Schwestern, von dem sie im Ort noch heute so gerne erzählen.

Im Winter ist der Irrsee oftmals vollständig zugefroren – ein echter Geheimtipp für alle Freunde des Schlittschuhlaufens inmitten prächtiger Natur!

32

Wildholzweg
Startpunkt: **Hotel und Landgasthof Ragginger**
Dorfstraße 42
A-4865 Nussdorf am Attersee
+43 (0)7666 8005
www.hotel-ragginger.at

Gemeinde Nussdorf am Attersee
Dorfstraße 33
A-4865 Nußdorf am Attersee
+43 (0)7666 8055
www.nussdorf.ooe.gv.at

MIT ALLEN SINNEN WANDERN

Wildholzweg

Im Klagelied über die heutige Zeit wird immer wieder moniert, dass die Natur nur noch über Fotos oder Filme wahrgenommen werde. Was zunehmend zu fehlen scheint, ist die originale Begegnung, das »Eintauchen« und das »Wahrnehmen mit allen Sinnen« – vom Sehen über das Hören, Fühlen und Riechen bis hin zum Schmecken all dessen, was nicht von Menschenhand verfremdet ist. Schon deshalb kann man es nicht hoch genug schätzen, was die Nussdorfer 2007 in einer mehr oder weniger spontanen Aktion geschaffen haben: Als Firmen zu Präsentationszwecken Werke aus Holz ausstellten, waren diese schnell in aller Munde. Wie konnte man das offensichtlich große Interesse in einen sowohl ästhetischen als auch pädagogischen Rahmen packen? Kurze Zeit später war der Wildholzweg geschaffen. Seither kann man vom alten Nussbaum beim Landgasthof Ragginger aus eine abwechslungsreiche Entdeckungsreise in die Natur starten.

Das Ziel des leicht zu begehenden Pfads ist es, heimische Hölzer in kurzweiliger Art und Weise näher kennenzulernen. Auf den insgesamt zwölf Stationen erwarten die Wanderer zahlreiche didaktisch hervorragend aufbereitete Einblicke in die Geheimnisse der Schöpfung. Angefangen von den biologischen Grundlagen des Waldes über seine forstwirtschaftliche Nutzung bis hin zu den vielfältigen, heute viel zu oft vergessenen Verarbeitungsmöglichkeiten der unterschiedlichen Hölzer. Belohnt wird der eifrige Spaziergänger schließlich nicht nur durch ein »echtes« Naturerlebnis und allerlei neue Erkenntnisse, sondern auch durch einem traumhaften Ausblick auf den Attersee. Dieser wartet am Ende der halbstündigen Wanderung am Pfarrer Salettl und lässt sich am besten stilecht von einer der kunstvoll gezimmerten Aussichtslogen genießen.

All denjenigen, denen der Wildholzweg zu wenig herausfordernd ist, sei der deutlich längere Attersee-Westwanderweg empfohlen, der von Seewalchen über Attersee und Egelsee bis nach Unterach führt.

33

Attersee-Schifffahrt
Schifffahrtsbüro am
Bahnhof Attersee
Nußdorferstraße 8
A-4864 Attersee
+43 (0)664 607952900
www.atterseeschifffahrt.at

AUF DEM SONNENDECK RELAXEN

Schifffahrt

Der Attersee bietet eine Unzahl an Unternehmungen, die von ausgedehnten Wanderungen über anspruchsvolle Fahrradtouren bis hin zum Paragliding über und Tauchgänge tief unter der Wasseroberfläche reichen. Doch auch die weniger sportlichen können an dieser wunderbaren Vielfalt teilhaben und das einzigartige Flair von Österreichs größtem See genießen. Seit mehr als 100 Jahren hat die Schifffahrt hier Tradition, und heute stehen mit der *MS Stadt Vöcklabruck*, der *MS Unterach* sowie der *MS Weyregg* drei Ausflugsdampfer bereit und laden zur vergnüglichen Erkundung der eindrucksvollen Szenerie ein.

Also nichts wie an Bord und in See gestochen! Die Flotte bietet ein abwechslungsreiches Programm, das von kurzen Partien bis hin zu kompletten Seeerkundungen reicht. Highlights sind zweifelsohne die Sonderfahrten, die ganz unterschiedliche Interessen ansprechen: So kann man etwa an Villen und Schlössern vorbeischippern, sich mit Kindern auf Abenteuer-Zeitreisen begeben oder auf dem Partyschiff einen Cocktail genießen. Alle drei Schiffe bestechen durch ihr individuelles Design. Die *Vöcklabruck* und die *Weyregg* sind mit Kunstwerken von Gustav Klimt verziert, der seine Sommer so gerne am See verbrachte. Die *Unterach* ist als Hommage an Gustav Mahler gestaltet, dessen Komponierhäuschen noch heute in Attersee bewundert werden kann.

Egal welche Präferenzen man mit einer Schifffahrt auf dem Attersee auch verbinden mag: Mit am schönsten ist es sicherlich auf den Sonnendecks, wenn der leichte Seewind durch die Haare weht, die warmen Strahlen der Sonne die Stirn streicheln und der Duft frisch aufgebrühten Kaffees in die Nase dringt. Dann mag man am liebsten die Augen schließen und ewig an Bord bleiben, auf diesen so wunderbaren Ausflugsschiffen, auf diesem so herrlichen Attersee.

Die Linien sind immer von Anfang April bis Ende Oktober in Betrieb. Informationen zu den Sonderfahrten findet man auf der Homepage der Atterseeschifffahrtsgesellschaft.

34

Lokpark Ampflwang
Bahnhofstraße 29
A-4843 Ampflwang im Hausruckwald
+43 (0)664 5087664
www.oegeg.at

MAL ORDENTLICH DAMPF ABLASSEN

Lokpark

Bereits 1838 und damit nur drei Jahre nach der berühmten Strecke Nürnberg–Fürth nahm die *Kaiser Ferdinands-Nordbahn* als erste österreichische Eisenbahnlinie ihre dampfgetriebene Arbeit auf und transportierte unter großem Schnaufen Passagiere von Wien nach Nordmähren. Sie leitete eine wahrhafte Erfolgsgeschichte der weltberühmten schwarzen Lokomotiven auch im Alpenstaat ein, und bald schon konnte man auf zahlreichen Linien mehr oder weniger komfortabel in die weite Welt hinaus reisen.

Wer vergangenen Tagen nachspüren möchte und dabei auch noch ein Freund der Normal- oder Schmalspur ist, der findet sein Glück im Lokpark Ampflwang. Im größten Eisenbahn- und Bergbaumuseum Österreichs kann man auf 25.000 Quadratmetern mehr als 100 Schienenfahrzeuge bewundern und sich zwischen Dampf-, Diesel- und Elektroloks, Waggons, Kränen, Draisinen und sogar Gleisbaumaschinen nach aller Lust austoben.

In direkter Nähe zum Hausruckwald, bis ins 20. Jahrhundert hinein Braunkohlequelle für die Züge, erfährt man zudem alles darüber, wie die Stahlkolosse seinerzeit zum Laufen gebracht wurden. Allein der großzügige Freimuseumsbereich bietet eine Unzahl an Entdeckungsmöglichkeiten, von Arbeitsgruben über verschiedene Gleisanlagen, Kräne, Lokschuppen und Schiebebühnen bis hin zu Werkstätten mitsamt historischer Ausstattung. Highlights bleiben freilich die unzähligen Personen- und Güterwagen, die geradezu zur genaueren Inspektion einladen, Schiebeversuche inklusive.

Wie wäre es mit einer Fahrt ins Grüne? An den ganz besonderen Tagen, da müssen die modernen ICEs und E-Loks Platz machen für ihre Vorgänger. Dann kann man unter heftigem Schnaufen und Pfeifen in aller Nostalgie nachvollziehen, wie wunderbar man damals auf den schönsten Bahnstrecken Österreichs fuhr.

Werden Sie selbst zum geprüften Dampflokführer! Auf den beliebten mehrtägigen Seminaren können Sie sich einen Traum erfüllen und mit Ihrer eigenen Lok auf Tour gehen.

85

Dinopark Agrarium
Almegg 11
A-4652 Steinerkirchen an der Traun
+43 (0)650 9810071
www.agrarium.at

ACTION IN BEZAUBERNDEN GÄRTEN

Dinopark Agrarium

Mit Familienausflügen ist es gemeinhin so eine Sache: Die Kleinen wollen Action, die Mama »was Schönes«, der Papa »was Kühles« und Oma und Opa am liebsten in Ruhe zusehen, wie es sich alle gut gehen lassen. Die gute Nachricht: Im Dinopark Agrarium finden sie alle ihr Glück.

Unter dem Motto »Natur zum Zupfen, Riechen und Naschen« laden rund 60 wunderschön gestaltete Garten- und Blumenanlagen sowie Themengärten auf rund 100.000 Quadratmetern ein, das großzügige Areal genüsslich schlendernd oder im Zuge einer gemütlichen Traktorfahrt zu entdecken. Wer hinter die ästhetischen Fassaden blicken möchte, dem eröffnen zahlreiche Lehrpfade und Schautafeln in anschaulicher Sprache interessante Einblicke in das Innerste der Natur. Angehende Forscher können dabei die *Felixx-Forscherrallye* absolvieren und sogar kleine Preise gewinnen – ein ebenso lehrreicher wie unterhaltsamer Spaß! Besondere Abwechslung bietet die bunte Tierwelt im Agrarium. Von Wildbienen aus Europas größter Bruthilfe, Raupen und Schmetterlingen über Kröten, Enten und Hasen bis hin zu Schweinen, Eseln und Pferden trifft man hier alles an, was früher auf einem ordentlichen Bauernhof lebte. Streichelzoo natürlich inklusive!

Wer nun aber befürchtet, die Action käme zu kurz, der hat den Zusatz »Dinopark« nicht richtig gelesen: Seit kurzem kann man sich hier nicht nur bei Traktor-Rundfahrt, Rollschlitten-Bahn, Power Paddler, Aqua-Walking oder Gokart so richtig austoben, sondern auch Modelle echter Dinosaurier bestaunen, die sich im Park tummeln, als wohnten sie schon seit Jahrmillionen hier. Mutige wagen sich auf die Hummelflugschanze und beobachten das bunte Durcheinander vergnüglich aus der Perspektive eines Archaeopteryx. Gemütlichere Charaktere sitzen derweil längst im Restaurant bei Opa und Oma und verfolgen alles bei einer zünftigen Brotzeit.

Der Park ist jeweils von April bis Oktober geöffnet. Informieren Sie sich auf der Homepage über die genauen Öffnungszeiten.

36

Benediktinerstift Lambach
Klosterplatz 1
A-4650 Lambach
+43 (0)7245 21710
www.stift-lambach.at

HINTER SCHÖNE FASSADEN BLICKEN

Benediktinerstift

Es kommt nicht selten vor, dass ortsfremde Autofahrer auf dem Lambacher Marktplatz plötzlich langsamer werden oder mitunter sogar stehen bleiben. Sie ist halt einfach zu schön, diese Fassade mitsamt der eindrucksvollen Prachtpforte, die der österreichische Bildhauer Jakob Auer hier 1692 geschaffen hat! Schon die Frontseite der Benediktinerabtei Lambach ist ein ästhetisches Meisterwerk, das auf jeden geneigten Betrachter eine große Anziehungskraft ausübt und den Verkehr regelmäßig zum Stocken bringt.

Das Kloster in Lambach wurde 1046 als Säkularkanonikerstift gegründet und kurz darauf in ein Benediktinerkloster umgewandelt. Nachdem die Anlage im Zuge des »Bayerneinfalls« 1233 größtenteils zerstört wurde, erfolgte ein sukzessiver Wiederaufbau bis in das 18. Jahrhundert hinein. Er hat ein abwechslungsreiches Ensemble unterschiedlicher Epochen entstehen lassen, darunter romanische Fresken aus dem 11. Jahrhundert, eine barockisierte Stiftsbibliothek mit circa 60.000 historischen Bänden und einem Leserad aus dem 18. Jahrhundert sowie das umfangreiche Musikarchiv, in dem auch die originale *Lambacher Sinfonie* von Wolfgang Amadeus Mozart aufbewahrt wird. 1656 nach einem Entwurf von Filiberto Lucchese fertiggestellt, weiß die architektonisch markante Stiftskirche durch ihren einschiffigen Grundriss mit einem gerade geschlossenen Chor zu gefallen. Besonders sehenswert ist zudem das barocke Stiftstheater des Klosters, das den ältesten bespielbaren Theaterraum Österreichs darstellt und sogar von Marie Antoinette besucht wurde.

Man sieht schon, die Benediktinerabtei Lambach bietet schier unendlich viele Orte, die man gerne genauer erforschen möchte. Und die staunenden Autofahrer am Marktplatz? Ja mei, irgendwie gehören die mittlerweile auch schon dazu.

Von Ostern bis Ende Oktober werden Stiftsführungen angeboten. Nutzen Sie die Möglichkeit, das interessante Innenleben unter fachkundiger Anleitung zu erkunden!

37

Salzstadeln
Schiffslände 8
A-4651 Stadl-Paura
+43 (0)7245 2801115
www.schifferverein.at

SALZIGE TRADITIONEN WÜRDIGEN

Salzstadeln

Auch wenn die Traun mit gerade einmal 153 Kilometern Länge und einem im Vergleich zur Donau winzigen Einzugsgebiet zu den eher kleineren Flüssen gehört, darf man ihre Bedeutung in vergangenen Zeiten keinesfalls unterschätzen. Ihr Lauf, der sie von ihrem Ursprung im Toten Gebirge der Steiermark über den Hallstätter See, den Traunsee und Wels bis zu ihrer Donaumündung in Linz führt, war über Jahrtausende hinweg eine bedeutsame Handelsroute. Schon zu Zeiten der Römer wurde sie mit flachen Kähnen befahren und ermöglichte fortan den Handel mit einer Vielfalt an Gütern. Die besondere Bedeutung für das Geschäft mit dem Salz aus der Hallstätter Region führte schließlich dazu, dass das Trauntal seit dem Hochmittelalter als Salzstraße firmierte und Salzzillen zum täglichen Flussbild gehörten. In Wels sowie in Stadl-Paura entstanden dabei wirtschaftlich bedeutsame Stapelplätze, sogenannte Salzstadeln, die den Orten bis zum Niedergang der Salzschifffahrt Anfang des 20. Jahrhunderts zu großem Wohlstand verhalfen.

Es ist der Initiative der Gemeinde und des Schiffervereins in Stadl-Paura zu verdanken, dass die so prägende Geschichte des Salzhandels nicht in Vergessenheit gerät. Unter größten finanziellen Anstrengungen schuf man hier 2015 zwei Salzstadln, die fast auf den Tag genau 100 Jahre nach der Schließung ihrer letzten wirtschaftlich genutzten Vorgänger feierlich der Öffentlichkeit übergeben wurden. Bei einem Spaziergang am Ufer des Flusses kann man einen vorzüglichen Einblick in die Geschichte der Stadt erhalten. Wirklich spektakulär wird es freilich spätestens, wenn der originalgetreu nachgebaute »Salztrauner« seinen Unterstand verlässt und mit begeisterten Besuchern den Fluss entlang schippert. Fast wie damals, in der großen Zeit des Trauner Salzhandels.

Gehen Sie auf Ortserkundung und machen Sie sich auf die Suche nach weiteren Erinnerungsorten an den Salzhandel, sei es am Schifferbrunnen oder im kurzweilig gestalteten Schiffsleutmuseum.

38

Marienwarte
Buchenstraße 10
A-4600 Thalheim bei Wels

Marktgemeindeamt Thalheim
Gemeindeplatz 1
A-4600 Thalheim bei Wels
+43 (0)7242 470740
www.thalheim.at

DIE BESSERE HÄLFTE BESCHENKEN

Marienwarte

Möchte man seiner Liebsten ein ganz besonderes Geschenk machen, dann bietet sich natürlich ein exquisites Diamantcollier an, oder besser gleich ein Baudenkmal. Beide sind ja bekanntermaßen für die Ewigkeit, und es gibt zahlreiche Belege, dass sie ihre Wirkung grundsätzlich keineswegs verfehlen.

Nun ist nicht überliefert, ob der Welser Postmeister Josef Ploberger seine bessere Hälfte jemals mit Diamanten bedacht hat. Gesichert ist hingegen, dass er seiner Maria im Jahre 1892 ein ganz besonderes Denkmal gesetzt hat: Seit dem 17. Juli jenes Jahres thront auf dem Reinberg nämlich ein 23 Meter hoher Aussichtsturm, der zu Ehren der Gattin des edlen Grundstücksspenders als »Marienwarte« benannt wurde. Wir können mit Fug und Recht annehmen, dass sich die so gewürdigte aufrichtig wertgeschätzt fühlen konnte: Der Turm neben dem eigens zur Eröffnung gepflanzten Lindenbaum erfreute sich rasch größter Beliebtheit und wurde zu einem hochfrequentierten Wanderziel der Welser Bürgerschaft mit fast 3.000 Besuchern im Jahre 1907. Schenkt man Gerüchten Glauben, sei Kaiserin Sisi bei ihrem Besuch 1892 von der herrlichen Aussicht auf die Stadt Wels, die Traun-Ebene, den Hausruck sowie den Böhmerwald und die Alpen so angetan gewesen, dass auch ihr Göttergatte sofort heraneilte, um sich höchstpersönlich ein Bild von der neuen Attraktion zu machen.

Historischen Überlieferungen zufolge schätzten schon die Römer den besonderen Rundblick vom Reinberg auf die Voralpenlandschaft. Dank der Marienwarte hat sich diese Popularität bis heute bewahren können. Also nichts wie hinauf, damit man das Panorama genieße! Gerne auch in bester Gesellschaft! Und besonders dann, wenn man der besseren Hälfte einen schönen Ausflug schenken, sich das Diamantcollier vielleicht aber für etwas später aufheben möchte.

Machen Sie Ihren Besuch auf der Marienwarte zum Abschluss eines Stadtbummels – der Aufstieg ist von der Traungasse aus in einer Viertelstunde gut zu bewältigen.

39

Am **Stadtplatz** steht der **Ledererturm**
Stadtplatz 58
A-4600 Wels

Wels Marketing und Touristik
Stadtplatz 44
A-4600 Wels
+43 (0)7242 6772222
www.wels.at

UNTER DEN LEDERERN VERWEILEN

Stadtplatz

Ästhetisch greifbar wird die bunte Geschichte von Wels, der zweitgrößten Stadt Oberösterreichs, auf dem zentral gelegenen Stadtplatz. Er entstand im 13. Jahrhundert, unmittelbar nachdem der Ort durch das Herrschergeschlecht der Babenberger beurkundet und mit dem Stadtrecht bedacht worden war. Vor Hochwasser gut geschützt spielte sich hier ein wesentlicher Teil des öffentlichen Lebens ab. Noch heute bezeugen zahlreiche gut erhaltene Häuser der mittelalterlichen Welser Bürgerfamilien den damaligen Reichtum der Handelsmetropole an der Traun.

Um den Ort vor Plünderungen und Eroberungen zu schützen, war Wels im Mittelalter von einer mächtigen Stadtmauer umgeben. Vier Türme – Schmidturm, Fischerturm, Traunturm und Ledererturm – wachten damals über Recht und Ordnung. Von ihnen ist heute nur noch derjenige erhalten, welcher dereinst dem »Viertel unter den Lederern« mit seinen zahlreichen Werkstätten zugeordnet war. Das Wahrzeichen der Stadt wurde 1326 erstmals urkundlich erwähnt. Anfang des 17. Jahrhunderts wurde der Ledererturm durch den Linzer Maurermeister Marx Martin Spaz umgebaut. Zuvor hatte ihn das marodierende Passauer Kriegsvolk, ein grausames Söldnerheer des Fürstbischofs von Passau, Leopold Erzherzog von Österreich, schwer beschädigt. Heute geht es hier freilich friedlicher zu, und auch die Passauer Besucher verhalten sich dem Vernehmen nach deutlich zivilisierter als ihre wilden Vorgänger.

Ganz entspannt lässt es sich am Stadtplatz natürlich in den zahlreichen Cafés im Schatten des Turms aushalten: Bei Sonnenschein, einem guten Kaffee und dem gemütlichen Plätschern des Stadtbrunnens, einer Nachbildung des Renaissance-Stadtbrunnens aus dem 16. Jahrhundert. Ach, das Leben kann schon schön sein!

Um die Weihnachtszeit hält der Ledererturm eine besondere Überraschung parat: Das Christkindl nimmt Wünsche entgegen, und vom Weihnachtspostamt können Grußkarten mit Sonderbriefmarken versendet werden.

40

Tiergarten Wels
Maria-Theresia-Straße 33
A-4600 Wels
+43 (0)7242 2357651
www.wels.at

DEM PUTZIGEN SCHNORRER WIDERSTEHEN

Tiergarten

Lemur catta, so kann man es im Lexikon nachlesen, leben eigentlich im Urwald und ernähren sich vornehmlich von Baumsäften, Früchten und Insekten. Was allerdings nur die wenigsten wissen: Die Feuchtnasenprimatenart aus der Familie der Makis, besser bekannt als Katta, leidet unter genetisch bedingter Unterernährung! Zumindest muss ein solcher Eindruck entstehen, wenn man gemütlich durch den Welser Tierpark flaniert und einem plötzlich riesengroße schwarze Augen entgegenblicken, als wollten sie verzweifelt rufen: »Obst her, aber schnell, wir verhungern!«

Doch halt! Natürlich darben die süßen Schnorrer, die für ihr Leben gerne dicht aufeinandersitzend im Schatten der Bäume relaxen, nicht wirklich. Vielmehr haben sie einfach gelernt, »ihre« Menschen richtig zu erziehen – und in Wels ein echtes Paradies gefunden.

Die Ursprünge des ältesten, frei zugänglichen Tierparks Oberösterreichs liegen in den 1930ern, als die Stadt hier eine dauerhafte »Wildtierausstellung« einrichtete. Nach dem Zweiten Weltkrieg weitete man den städtischen Betrieb am malerischen Mühlbach aus und siedelte vor allem exotische Vogel- und heimische Wildarten in der idyllischen Anlage an. Und eben auch zahlreiche glückliche Affensippen, die zu den unbestrittenen Stars gehören.

Am besten lässt man sich von den gut beschilderten Wegen durch die nach Lebensräumen geordneten Bereiche »Wasser«, »Wald«, »Steppe« und »Haustiere« leiten. Zwischen Wasservögeln, Reihern, Störchen, Schildkröten, Hängebauchschweinen, Zwergziegen und Kattas gibt es unglaublich viel zu entdecken. Mit etwas Glück kann man sogar beobachten, wie ein Pfleger dem Bann der großen hungrigen Augen erliegt, mit Trauben und Bananen bewaffnet in das Gehege tritt und binnen Sekunden von den aufgeregten, nimmersatten Äffchen umrundet ist.

Der Eintritt in den Park ist frei. Tierfreunde können Patenschaften übernehmen – eine sinnvollere Möglichkeit, »seinem Affen Zucker zu geben«, existiert wohl kaum.

41

Welios Science Center
Weliosplatz 1
A-4600 Wels
+43 (0)7242 908200
www.welios.at

ZUKUNFT BEGREIFEN

Welios Science Center

Wir leben in einer Zeit, die geprägt ist von schwindenden Ressourcen, Ozonloch und Klimawandel. Glücklicherweise hat das Bewusstsein darum immer mehr Politiker, Wissenschaftler und Ingenieure motiviert, sich um Lösungen zu bemühen. Die zunehmend dramatischen Veränderungen im Mensch-Umwelt-System zeigen aber auch deutlich, dass die Probleme über Jahrzehnte hinweg angegangen werden müssen – eine Aufgabe, die eine Bildung für nachhaltige Entwicklung für alle Generationen nötig macht.

Frei nach dem Motto »Probieren und Studieren« bietet das *Welios Science Center* seit April 2011 auf mehr als 3.000 Quadratmetern umfangreiche Einblicke in alles, was mit Energiegewinnung und -verbrauch zu tun hat. Das Besondere daran: Die vielfältigen Bereiche aus Naturwissenschaft und Technik werden nicht nur schnöde zum Anschauen präsentiert, sondern dürfen an 150 Stationen ausprobiert und erlebt werden.

Wer also schon immer mal wissen wollte, wie Strom durch Wasserkraft produziert wird, wie Druckveränderungen zur Energiespeicherung benutzt werden können oder wie viele Kilojoule sich in einem Hektar Wald verbergen, der ist in diesem »Mitmach-Museum« goldrichtig. Auf einem Rundgang durch das fiktive Haus einer österreichischen Familie um die neugierige Tochter, die in Erinnerungen schwelgende Oma und den umtriebigen Papa können nahezu alle Facetten erneuerbarer Energien intensiv erfahren werden. Wer trotzdem weiterhin bei offenem Fenster heizen und die alten Glühbirnen auch nachts heimlich im Keller brennen lassen möchte, der muss sich aber keine Sorgen machen. *Welios* will die Augen öffnen, für intelligente Lösungen begeistern, aber einen erhobenen Zeigefinger, den sucht man hier vergebens.

Auf der Suche nach dem besonderen Event zum Wiegenfeste Ihrer Kleinsten? Nicht nur angehende Ingenieure haben großen Spaß auf den individuellen Kindergeburtstagspartys im *Welios Science Center*.

42

Alter Schl8hof Wels
Dragonerstraße 22
A-4600 Wels
+43 (0)7242 67284
www.schlachthofwels.at

KULTUR RAUM GEBEN

Kulturgelände *Alter Schl8hof*

»Wenn's nicht passiert, dann machen wir's halt selbst«! Unter diesem Leitspruch und angespornt vom fehlenden kulturellen Angebot vor Ort schlossen sich die *Kulturinitiative*, die Kulturvereinigung *1 Topf* und die Kulturaktion *Impulse* 1985 kurzerhand zusammen, um der Welser Szene neues Leben einzuhauchen. Auf dem Gelände der 1910 gegründeten, 1978 stillgelegten und zwischenzeitlich als Feuerwehrdepot genutzten Welser Schlachterei gründeten sie 1985 den *Schl8hof* und weihten ihn mit einem dreitägigen, rauschenden Fest feierlich ein. Und zu welcher Bereicherung für die Stadt ist er seitdem geworden! Alleine in seinen ersten 25 Jahren fanden hier mehr als 3.500 Veranstaltungen statt, unzählige unbekannte Nachwuchsbands feierten eine mehr oder weniger lang anhaltende Berühmtheit und Künstler von internationalem Format gaben und geben sich hier die Klinke in die Hand.

Rammstein durch ein Meer aus hysterischen Fans chauffiert? Mit Josef Hader gemeinsam Geburtstag gefeiert? Ostbahn Kurti in seinen Anfangsjahren begleitet? Mit Wolf Biermann auf ein Bierchen zusammengesessen? Albert Mangelsdorff beim Warmspielen zugehört und dahin geschmolzen? Die Ohnmächtigen beim *Tocotronic*-Konzert von der Bühne weggebracht? Mit *Naked Lunch* zu Mittag gegessen? All die Mühen, so wird spätestens beim Blick in die bewegte Vergangenheit dieses offenen Kulturraums deutlich, scheinen sich für die vielen ehrenamtlichen Mitglieder der Kulturinitiativen gelohnt zu haben. Nicht nur aufgrund der zahllosen wohl einzigartigen Erlebnisse, die sie für immer mit den gastierenden Künstlern verbinden werden. Sondern ganz besonders dann, wenn die Hütte mal wieder knallvoll ist und Jung und Alt einen Mordsspaß haben, in dem alten, ewig jungen Schlachthof.

Der *Schl8hof* bietet eine Reihe von Festivals, aus der das *Music Unlimited* besonders hervorsticht. Jazz und improvisierter Musik gewidmet, gilt es als ein Mekka für Liebhaber von Experimentalmusik.

48

Kürnberger Wald
Startpunkt Wanderung:
Parkplatz Kürnbergwanderweg
Hainzenbachstraße
A-4060 Leonding

Freizeitanlage Kürnberg
Limesstraße 10a
A-4060 Leonding
+43 (0)732 677829
www.leonding.at

AUSGETRETENE PFADE ENTDECKEN

Kürnberger Wald

Wer gerne auf unbekannten Pfaden streifen möchte, der macht alles falsch, wenn er sich auf den Kürnberg begibt. Das dicht bewaldete Massiv, das geologisch zur Böhmischen Masse gerechnet wird und einen Teil des österreichischen Granit- und Gneishochlands darstellt, ist nämlich bereits seit der Jungsteinzeit besiedelt und bot schon Kelten wie auch Römern Unterschlupf. Doch gerade diese bewegte Vergangenheit macht eine Wanderung gut 300 Meter hoch über die Donau-Auen zu einem besonderen Erlebnis, dem man schon aus reiner Neugierde nachkommen sollte – alte Pfade hin oder her.

Im Gedicht von Nadelhölzern, Hainbuchen und Eichen gibt es im Kürnberger Wald eine Fülle an archäologischen Denkmälern zu entdecken. Hierzu gehören neben den Relikten der mittelalterlichen Burg mitsamt doppeltem Ringwall direkt am Gipfel zahlreiche weitere Befestigungsanlagen aus unterschiedlichen Epochen. Hinzu kommen frühgeschichtliche Schürfgruben, bajuwarische Körpergräber, keltische Quellfassungen, Kultplätze und Ziegelöfen sowie ein Wachturm, eine Militärziegelei und ein Gutshof aus der römischen Antike. Auch zahllose Legenden umranken den mystischen Berg, darunter diejenige vom Weinkeller direkt unter der Burg, der den besten Wein der Welt verspricht. Wer sich nachts durch den Wald bewegt, kann mit etwas Glück sogar einen uralten Uhu treffen, der hier seit Jahrzehnten sein Revier hat.

Vorsicht: Wer bei all den historischen Fundstätten allzu euphorisch wird, sich gar zum Hobbyarchäologen berufen fühlt und den Spaten am liebsten sofort in den Perlgneis stechen möchte, der sollte nicht alles, was im Wald sonst noch so gefunden werden kann, für bare Münze nehmen. So hat sich eine vielbeachtete »hallstattzeitliche Felsritzung« auf einem Kultstein nämlich erst unlängst als Studentenulk entpuppt.

Etwas südlich des Kürnbergs bei Leonding finden Sie eine große Freizeitanlage mit Freibad, Eislaufplatz und Minigolfanlage. Ein idealer Ort, um eine Wanderung entspannt ausklingen zu lassen.

44

Stadtturm Enns
Hauptplatz 1
A-4470 Enns
www.turmhotel.at

Museum Lauriacum
Hauptplatz 19
A-4470 Enns
+43 (0)7223 85362
www.museum-lauriacum.at

IM ARMUTSZEUGNIS NÄCHTIGEN

Stadtturm

Man kann den imposanten Stadtturm in Oberösterreichs ältester Stadt getrost als Armutszeugnis bezeichnen und ihm damit zugleich die beste historische Referenz erweisen. Als die ehemalige Minoritenkirche 1553 zur Ennser Stadtkirche befördert wurde, fehlte dieser nämlich ein Glockenturm! Die strengen Regeln des Ordens, der ein Leben in Armut gelobt, hatten dazu geführt, dass die Glaubensbrüder auf eine Errichtung verzichtet hatten. Was also tun? Nachdem die Bevölkerung mit ihrem Wunsch nach einem Glocken-, Wach- und Uhrturm zunächst wenig Gehör fand, hatte Kaiser Maximilian II. schließlich ein Erbarmen und das Wahrzeichen von Enns konnte 1568 feierlich eingeweiht werden.

Noch heute ist der gut 60 Meter hohe, freistehende Stadtturm von Weitem zu erkennen und lotst den neugierigen Besucher sicher in die historische Innenstadt. Der viergeschossige Bau mit seinem imposanten Kupferdach und der auffälligen Bemalung vereint stilsicher Elemente der Gotik und Renaissance. Nur auf die Turmuhr sollte man sich lieber nicht verlassen, denn Minuten- und Stundenzeiger sind hier vertauscht. Da mag es fast zum Bild passen, dass Enns als erste Stadt Österreichs der Cittaslow-Bewegung angehörte, die sich ganz einem Leben ohne Termindruck verschrieben hat.

Am eindrucksvollsten wird der Besuch natürlich, wenn man sich ins Innere des Turmes begibt und den historischen Stadtplatz von der Aussichtswarte aus betrachtet. Gleich neben einem mächtigen Steinquader, den eine Riesin angeblich hier abgeladen hat, erhält man einen herrlichen Blick auf das bunte Treiben zwischen den Häusern aus dem 15. und 16. Jahrhundert. Zum ganz besonderen Event gereicht es freilich bei einer Übernachtung: Exklusiv, im einzigen Hotelzimmer, in einem einzigartigen historischen Ambiente, mitten auf dem Stadtplatz.

Enns bietet eine Vielzahl an lohnenden Ausflügen. Besonders empfehlenswert sind das römische Museum Lauriacum und die Basilika St. Laurenz, beide in fußläufiger Entfernung vom Stadtplatz.

45

Augustiner Chorherrenstift St. Florian
Stiftstraße 1
A-4490 St. Florian
+43 (0)7224 89020
www.stift-st-florian.at

MUSIK UND ÄSTHETIK GENIESSEN

Augustiner Chorherrenstift

Das bekannteste der zahlreichen schönen Barockkloster Oberösterreichs ist sicherlich das Augustiner Chorherrenstift in St. Florian nahe der Landeshauptstadt. Einer Überlieferung zufolge wurde das Kloster an eben jener Stelle errichtet, an welcher St. Florian, der erste namentlich bekannte Christ Österreichs, um das Jahr 304 nach seinem qualvollen Märtyrertod bestattet wurde. Während das genaue Gründungsdatum irgendwo in den Unschärfen der Karolingerzeit des 9. Jahrhunderts liegen mag, gilt die Einführung der Augustiner-Chorherren als Reformgemeinschaft durch den Bischof Altmann von Passau im Jahre 1071 als gesichert.

Die heutige Klosteranlage entstand als Neubau anstelle älterer gotischer Bauwerke und wurde um 1750 fertiggestellt. An den imposanten Gebäuden, allen voran die Stiftsgebäude mit dem prachtvollen Marmorsaal, der Stiftsbibliothek mit ihren beeindruckenden 150.000 Bänden sowie der Basilika minor Mariä Himmelfahrt mit der weltbekannten Brucknerorgel, arbeiteten auch international renommierte Künstler wie etwa der Mailänder Baumeister Carlo Antonio Carlone, die Münchener Hofmaler Johann Anton Gumpp und Melchior Steidl, der bayerische Künstler Albrecht Altdorfer sowie der Tiroler Architekt Jakob Prandtauer. Sie schufen einen baulichen Rahmen für außerordentliche musikalische Leistungen, sei es durch die weltbekannten St. Florianer Sängerknaben, die bis heute Jung und Alt zu begeistern wissen, oder den Komponisten Anton Bruckner, der hier von 1848 bis 1855 als Organist wirkte. Da verwundert es wenig, dass alljährlich Hunderte zu den St. Florianer Brucknertagen ins Stift kommen, um sich einem vielfältigen Musikgenuss auf höchstem Niveau hinzugeben. Ein wahrhaft besonderes Kloster, das einen Besuch allemal wert ist!

Das Chorherrenstift bietet zahllose Highlights für Besucher, die vom erlesenen Mahl im Stiftskeller über Führungen und Orgelkonzerte bis hin zur klösterlichen Einkehr im Gästebereich reichen.

46

Hauptplatz mit Mariensäule
Hier befindet sich die
Tourist Information Linz
Hauptplatz 1
(Altes Rathaus)
A-4020 Linz
+43 (0)732 70702009
www.linztourismus.at

IN ALTEN ZEITEN VERWEILEN

Hauptplatz mit Mariensäule

Ein formidabler Ort, um eine Erkundungstour durch die Linzer Innenstadt zu starten, ist der barocke Hauptplatz. Nur einen Katzensprung vom Ufer der Donau entfernt stellt er seit vielen Jahrhunderten das Zentrum des öffentlichen Lebens in der Landeshauptstadt dar. Egal ob Straßenfeste, Wochenmarkt, Ratsch und Tratsch im Café oder Shoppingerlebnis pur – auf dieser modernen Agora ist immer was los, und wer Linz und seine Bewohner kennenlernen möchte, der ist hier goldrichtig.

Die Geschichte der Stadt ist eine sehr abwechslungsreiche. Auch wenn wohl schon deutlich vor Christi Geburt keltische Familien im heutigen Stadtgebiet gelebt haben mögen, wird die erste urkundliche Erwähnung als »Lentia« – die Gekrümmte – gemeinhin im Staatshandbuch Notitia dignitatum festgemacht, als die Römer im 1. Jahrhundert hier ein Kastell errichteten. Aufschwung und Blüte erfolgten schließlich unter den Babenbergern, die Linz 1207 planmäßig anlegten, 1240 das Stadtrecht verliehen und den Ort schließlich zum Sitz des Landeshauptmanns machten. Doch mit der zunehmenden Bedeutung kamen auch zahlreiche verheerende Rückschläge, sei es durch Zerstörungen im oberösterreichischen Bauernkrieg, im österreichischen Erbfolgekrieg, in den Koalitionskriegen oder im Zweiten Weltkrieg, durch Stadtbrände oder durch die Pest, die hier im 16. Jahrhundert wütete.

Im Zentrum des Hauptplatzes schimmert die Mariensäule aus weißem Marmor. Sie wurde 1723 fertiggestellt und soll die große Dankbarkeit symbolisieren, welche die Bewohner von Linz nach zahllosen überstandenen Katastrophen bis heute in sich tragen. Ein ideales Platzerl, um das bunte Treiben zu beobachten und sich einmal auszumalen, was dieser Hauptplatz in seiner bewegten Vergangenheit schon alles erlebt haben mag.

Hören Sie um 11.03, 14.03 und 17.03 Uhr ganz genau hin! Das berühmte Linzer Glockenspiel wird Sie mit täglich neuen melodischen Überraschungen begeistern.

47

Botanischer Garten Linz
Roseggerstraße 20–22
A-4020 Linz
+43 (0)732 7070
www.botanischergarten.linz.at

VIELFALT SCHÄTZEN LERNEN

Botanischer Garten

Im mitteleuropäischen Vergleich gilt Österreich als eines der Länder mit der höchsten Artenvielfalt: Die abwechslungsreichen See-, Hügel-, Auen- und Berglandschaften beheimaten mehr als 6.000 verschiedene Farne und Blütenpflanzen, Laub-, Leber- und Hornmoose und Flechten. Eine stolze Zahl, zugegeben, aber halt doch nichts im Vergleich zu derjenigen Fülle, die sich dem interessierten Besucher auf nur vier Hektar Fläche im Botanischen Garten offenbart. Nur einen Steinwurf vom penibel gepflegten Rasen der *Gugl*, des berühmten Linzer Sportstadions, findet man hier stolze 10.000 Pflanzenarten aus aller Welt in »harmonischer« Biozönose vereint.

Auf dem weitläufigen Areal, das durch Skulpturen österreichischer Bildhauer auch eine besondere künstlerische Qualität erreicht, kann man eine liebevoll gehegte und gepflegte Zusammenschau floristischer Internationalität in saisonal wechselnder Farbenpracht entdecken. Blumen aus unterschiedlichsten Herkunftsländern, Sumpfwiesen, Moore, Auen-, Kalkbuchen- oder Mischwälder, Nutz- und Heilpflanzen, Ufer- und Wasserpflanzen, Iris- und Steppenpflanzen, verschiedenste Heiden, amerikanische, asiatische und pannonische Pflanzengesellschaften und vieles mehr. In den 37 Bereichen des Botanischen Gartens scheint das gesamte »Who is who« der Photosynthese-Society vereint. Besonders bunt geht es dabei freilich in den fünf Gewächshäusern zu, in denen anmutige Orchideen und einzigartige Kakteen um die Begeisterung der Besucher buhlen.

Der Linzer Botanische Garten hat uns seit seiner Eröffnung 1952 vor allem zwei Dinge verdeutlicht: Die schier unendliche Vielfalt der Natur, die allzu oft verloren geht in unserer überbauten, von der landwirtschaftlichen Nutzung geprägten Umwelt. Und die Tatsache, wie schön und schützenswert diese doch ist.

Direkt neben dem Botanischen Garten finden Sie das Arboretum, eine große, öffentliche Grünanlage mit unzähligen internationalen Gehölzen. Auf zum Spaziergang durch die Wälder unserer Welt!

48

Wallfahrtsbasilika auf dem Pöstlingberg
Am Pöstlingberg 1
A-4040 Linz
www.dioezese-linz.at

Tourist Information Linz
Hauptplatz 1 (Altes Rathaus)
A-4020 Linz
+43 (0)732 70702009
www.linztourismus.at

TOURISMUSTRENDS SETZEN

Pöstlingberg

Tagesausflüge, so hat es uns die geografische Tourismusforschung belegt, wurden mit dem Aufkommen der Bürgerschaft im 18. Jahrhundert zunehmend populär. Für viele Familien war es plötzlich selbstverständlich, an arbeitsfreien Tagen das Haus zu verlassen und gemeinschaftlichen Erlebnissen in der Natur nachzugehen.

Besonders schön lässt sich diese Entwicklung am Pöstlingberg nachvollziehen. Hoch über der Donau gelegen, begann seine Geschichte 1716 als Wallfahrtsort, als ein Laienbruder des Urfahrer Kapuzinerklosters hier eine Pietà anbringen ließ. Aufgrund der großen Popularität wurde kurz darauf die Pöstlingkirche errichtet, die seit ihrer Einweihung im Jahre 1748 Abertausende von Wallfahrern angelockt hat. Aber wie wir alle wissen, machen Wandern und Wallfahren durstig, und so war es nur eine Frage von wenigen Jahren, bis auch das erste Wirtshaus – der Vorgänger des heutigen *Kirchenwirts* – direkt neben der heiligen Stätte eröffnete. Was für eine perfekte Kombination, zumal der Berg nicht nur Leib und Seele befriedigt, sondern auch das ästhetische Streben mit einer wunderbaren Aussicht auf Linz belohnt!

Seit 1898, die Technik hatte es gerade möglich gemacht, tuckert sogar eine kleine Bahn den Pöstlingberg hinauf und bringt auch die weniger Sportlichen bequem ans Ziel. Heute geht es so richtig rund am beliebtesten Ausflugsberg Oberösterreichs. Und auch die Attraktionen sind immer bunter geworden. Egal ob Rodelstrecke, kleine Sprungschanze, Grottenbergbahn mit Zwergen, Waldtieren und Märchenwelt, Linzer Zoo oder die spektakuläre Fotoausstellung hoch über den Dächern der Stadt – vor 200 Jahren hätte wohl keiner der ersten Tagesausflügler davon träumen mögen, welch richtungsweisender Trendsetter er aus heutiger Sicht eigentlich gewesen ist.

Im nahen Wald bei der Mayrwiesen finden Sie das Heilige Bründl mit Mariengrotte. Dem Wasser wird eine heilende Wirkung nachgesagt.

49

Lentos Kunstmuseum Linz
Ernst-Koref-Promenade 1
A-4020 Linz
+43 (0)732 70703600
www.lentos.at

EIN GESAMTKUNSTWERK WÜRDIGEN

Lentos Kunstmuseum

»Die höchste Form der Kunst«, so hat es der deutsche Maler und Dichter Kurt Schwitters einmal so schön formuliert, »ist das Gesamtkunstwerk, in dem die Grenzen zwischen Kunst und Nichtkunst aufgehoben sind«. Man könnte fast meinen, der 1948 verstorbene Künstler habe sich damit beinahe schon prophetisch auf das Lentos in Linz bezogen, das die Donaustadt seit 2003 als international renommiertes Kunstmuseum ausgesprochen bereichert.

Die Nachfolgeeinrichtung der Neuen Galerie galt schon bei ihrer Eröffnung als eine der bedeutendsten Sammlungen moderner und zeitgenössischer Kunst in ganz Österreich. Auf rund 2.500 Quadratmetern werden hier in architektonisch einzigartigen Räumlichkeiten Werke aus der rund 1.700 Gemälde und Skulpturen sowie 13.500 Grafiken und 1.300 Fotografien umfassenden Sammlung in Dauerausstellungen präsentiert. Ob Caspar David Friedrich, Johann Baptist Reiter, Gustav Klimt, Egon Schiele, Oskar Kokoschka, Lovis Corinth oder Max Pechstein – eine beeindruckende Zahl bedeutender Klassiker gehört zum Lentos. So auch zahlreiche Exponate von renommierten Künstlern der Nachkriegszeit, darunter Herbert Bayer, Andy Warhol, Keith Haring, Gottfried Helnwein oder Hans Staudacher. Sonderausstellungen mit unterschiedlichen Schwerpunkten runden das einladende Angebot ab.

Der einzigartige Kunstgenuss entsteht im Lentos durch das Zusammenspiel von Exponat und Gebäude. Der rund 130 Meter lange, quaderförmige Bau der Schweizer Architekten Weger und Hofer befindet sich nicht nur in bester Lage an der Donau, sondern weiß durch seine innere und äußere Schlichtheit einen unaufdringlichen, idealen Rahmen für ein jedes Kunstwerk zu bieten und damit im Sinne Kurt Schwitters, der übrigens auch Teil der Sammlung ist, ein echtes Gesamtkunstwerk zu schaffen.

Nachts ist das Lentos stilvoll beleuchtet – ein wunderbares Ambiente, um an der Donau zu verweilen und die Stimmung zu genießen.

50

Mariä-Empfängnis-Dom
Domplatz
A-4020 Linz

DomCenter Linz
Domplatz 3
A-4020 Linz
+43 (0)732 946100
www.dioezese-linz.at

MIT DEM DOM VERSTECKEN SPIELEN

Mariä-Empfängnis-Dom

Es gibt manche Dinge, die sind nahezu unmöglich. Ganz klar: Sich vor dem Linzer Mariendom zu verstecken, gehört ohne Zweifel dazu. Egal wo man sich in der Innenstadt befindet, es gibt kaum einen Winkel, in dem es nicht so scheint, als werde man von der nach dem Fassungsvermögen größten Kirche Österreichs quasi von oben herab beobachtet.

Der mächtige Sakralbau wurde erst im 19. Jahrhundert errichtet, als Linz im Zuge der Industrialisierung rasch wuchs und einer angemessenen kirchlichen Einrichtung bedurfte. Einen willkommenen Anlass bot die päpstliche Bulle *Ineffabilis Deus* von Papst Pius IX. aus dem Jahre 1854, die sich dem Dogma der Unbefleckten Empfängnis widmete und dem Dom als Namensgeber diente. Auch wenn die Pläne für den Dom vom Kölner Diözesanbaumeister Vincenz Statz nur wenige Jahre danach vorlagen, zogen sich die Arbeiten über ein halbes Jahrhundert hin und fanden mit der Weihung 1924 ihren Abschluss. Die Diözese Linz, die erst 1785 als Teil der bereits 739 eingerichteten Diözese Passau eigenständig geworden war, hatte damit endlich ein Bauwerk von nationalem Rang erhalten, dessen mächtiger neugotischer Gebäudekomplex mit dem imposanten Turm schon von Weitem erkennbar ist. Die besondere Schönheit erschließt sich freilich beim genaueren Hinsehen. Ob kunstvolle spitzbogige Fenster, gotische Bauelemente wie Strebebögen und Fialtürme oder das große Rosettenfenster im Querhausportal – man könnte sich stundenlang in die ebenso filigrane wie auch ornamentreiche Ästhetik vertiefen.

Natürlich hätten die Linzer ihren Mariä-Empfängnis-Dom damals durchaus noch gerne ein bisserl höher gebaut. Aber höher als der Steffel in Wien? Ich bitt' Sie gar schön, das wäre ja wirklich fast schon ein Frevel, zumindest aber gegen das wohl bedeutsamste ungeschriebene Baugesetz Österreichs.

Lust auf eine Auszeit? Im Turmstüberl des Domes können Sie eine Woche als Eremit verbringen – inmitten der Stadt, und doch weit entfernt von all dem urbanen Trubel.

51

Besucherzentrum »voestalpine Stahlwelt«
Voestalpine-Straße 4
A-4020 Linz
+43 (0)50304 158900
www.voestalpine.com/stahlwelt

DEM STAHL AUF DIE SPUR KOMMEN

Besucherzentrum *voestalpine Stahlwelt*

Wer beim Thema »Stahl« an schwere Stangen denkt, die furchtbar schmerzen, wenn sie dem gemeinen Heimwerker auf die Füße fallen, der mag ja grundsätzlich Recht haben. Man sollte allerdings nie verkennen, dass es sich dabei auch um den Werkstoff handelt, der die moderne Industriewelt in ihrem Innersten zusammenhält. Der perfekte Rahmen, um dem Stahl auf seine interessante Spur zu kommen, ist die *voestalpine Stahlwelt*.

Die Ausstellung, die sich mit einer Werkstour kombinieren lässt, verbindet Erlebnis und Wissen im besten Sinne. Auf einer Entdeckungsreise im Herzen des weltweit agierenden Stahlkonzerns mit rund 50.000 Mitarbeitern und einem Umsatz im zweistelligen Milliardenbereich erschließen sich alle Facetten der Eisen-Kohlenstoff-Legierung – angefangen von ihrer Erzeugung über die Verarbeitung bis hin zu Stahlprodukten, wie sie heutzutage in nahezu allen Lebens- und Arbeitsbereichen vertreten sind. Den Abschluss bildet ein Einblick in die Geschichte der *voestalpine AG* selbst, die als *Reichswerke Aktiengesellschaft für Erzbergbau und Eisenhütten ›Hermann Göring‹ Linz* im Deutschen Reich begann, zunächst maßgeblich für die Produktion von Panzern der Wehrmacht verantwortlich zeichnete, nach Kriegsende von den Alliierten beschlagnahmt, dann verstaatlicht und schließlich 1995 mit einem vielbeachteten Börsengang privatisiert wurde.

Also, auf in das auch stahlarchitektonisch einzigartige Gebäude, um Stahl und seine Bedeutung näher kennenzulernen, sei es in der Automobil-, Hausgeräte- und Bauindustrie, der Schienentechnik oder bei ultramodernen Präzisionsstahlrohrprodukten bis hin zum »greentec steel«. Nur vor einer Sache muss man keine Angst haben: Stahlstangen, so versichert es die Tourleitung nämlich glaubhaft, sind hier noch niemandem auf die Füße gefallen.

Die 90-minütige Werkstour stellt die ideale Ergänzung zum Besuch der Ausstellung dar. Bitte vorab buchen!

52

»PlusCity«
First Class Shopping
Pluskaufstraße 7
A-4061 Pasching
+43 (0)7229 6800
www.pluscity.at

IM EINKAUFSPARADIES ANDOCKEN

Einkaufszentrum *PlusCity*

Man kann sich durchaus wie ein Astronaut vorkommen, wenn man aus der futuristisch beleuchteten großen Parkgarage heraustritt und im bunten Farbenspiel durch einen Glastunnel hinein ins *PlusCity* geschleust wird. Getragen vom steten Besucherstrom driftet man gleichsam direkt hinein in eine schöne neue Welt, die sich einem im größten Einkaufszentrum Oberösterreichs eröffnet.

Seit 1989 schon, lange vor dem Boom der außerstädtischen Einkaufszentren, kann man im riesigen Komplex an der als Einkaufsmeile bekannten Kremstal Straße shoppen, bis die Kreditkarte glüht. Seit dem 140 Millionen Euro teuren Umbau 2016 finden sich auf einer Verkaufsfläche von circa 70.000 Quadratmetern mehr als 220 Läden mit über 2.000 Beschäftigten, welche wiederum etwa gut 20.000 Kunden pro Tag bedienen. Mit all seiner bunten Neonbeleuchtung, dem vielen Glitzer und der edlen Ausstattung wirkt das *PlusCity* durchaus auch surreal. Parkte ein Raumschiff auf einem der rund 4.000 Parkplätze – hier würde man wohl selbst so etwas als ganz normal betrachten.

Unter den Kuppeln dieser außergewöhnlichen Einkaufswelt werden auch die exorbitantesten Shoppingwünsche erfüllt. Egal ob Bekleidung, Bücher, Elektronik, Entertainment, Kosmetik, Lebensmittel, Optik, Reisen, Schmuck, Schuhe, Spielwaren, Wohnaccessoires, Freizeit- und Sportausrüstung oder der Bausatz für das erste Lego-Raumschiff – hier findet man wirklich nahezu alles. Und wem die allgegenwärtige Einkaufsbegeisterung dann doch etwas zu viel wird, der findet in den zahlreichen Cafés und Restaurants hervorragende Rückzugs- und Entspannungsmöglichkeiten. Und wer weiß? Vielleicht auch gleich eine charmante Begleitung für einen Besuch im größten IMAX-Kinosaal Österreichs?

Nehmen Sie sich ruhig einen ganzen Tag Zeit, um die riesige Shopping Mall zu erkunden. Schauen Sie vorab in den Veranstaltungskalender, der für zusätzliche Abwechslung im ohnehin bunten Trubel sorgt.

58

Baumkronenweg
Knechtelsdorf 1
A-4794 Kopfing
+43 (0)7763 22890
www.baumkronenweg.at

KINDHEITSTRÄUME WAHR WERDEN LASSEN

Baumkronenweg

Wir alle haben wohl mindestens einmal davon geträumt, aber bei den wenigsten dürfte es tatsächlich wahr geworden sein: Ein eigenes Baumhaus, in dem man all den Schabernack treiben kann, den man sich als Kind so vorstellen mag.

Zum Glück ist es nie zu spät, die langersehnte Nacht mit Taschenlampe und uriger Stimmung inmitten von Baumwipfeln nachzuholen. Seit 2005 erwartet junge und jung gebliebene Besucher nahe Kopfing ein ganz besonderes Erlebnis: Hoch über dem Mischwald schlängelt sich hier der Baumkronenweg auf gut 1.000 Metern durch den Sauwald und lädt seine Besucher ein, Tannen, Fichten, Buchen und viele Baumarten mehr mit allen Sinnen von oben herab besser kennenzulernen.

Zugegeben, ein bisserl schwindelfrei sollte man schon sein, denn der stabile, von gut und gerne zehn Tonnen Schrauben und Muttern zusammengehaltene Holzweg führt einen in Höhen von bis zu 20 Metern. Besonders Mutige wagen sich zum Aussichtsturm, der noch einmal doppelt so luftig über den größten Tannenspitzen thront und einen wunderbaren Ausblick weit über das Innviertel hinaus bietet. Doch auch der pädagogische Anspruch bleibt nicht unerfüllt. Wer sich also zum *canopy researcher* berufen fühlt, der kann diesem biologischen Forschungsgebiet in aller Wonne frönen und die ökologischen Zusammenhänge in den obersten Baumsphären erforschen. Und dabei natürlich auch die strahlend schönen Baumhäuser entdecken, die verschmitzt aus dem Wald hervorlugen, gerade als wollten sie die frühesten Kindheitswünsche wieder in Erinnerung bringen und zur traumhaften Nacht inmitten der bunten Natur einladen. Taschenlampe, Süßigkeiten und Schauergeschichten inklusive, und auf Wunsch natürlich auch mit Vier-Gänge-Romantikdinner, Frühstücksbuffet, Wohlfühlmassage, Kaffeekränzchen und Luxusbett.

Hunger und Durst kann man quasi im Herzen des Baumkronenweges im urigen Waldgasthof *Oachkatzl* stillen. Nicht-Innviertler verdienen sich extra Lob vom Wirt, wenn sie den Namen richtig aussprechen!

54

Whiskydestillerie
Peter Affenzeller
Oberweitersdorf 7
A-4211 Alberndorf
+43 (0)7235 70444
www.peter-affenzeller.at

MÜHLVIERTLER GOLD VERKOSTEN

Whiskydestillerie Peter Affenzeller

Wer bei Whisky nur an schottische Highlands oder amerikanische Plains denkt, übersieht, dass sich unlängst auch das kleine oberösterreichische Alberndorf auf die Landkarte der besten Whiskydestillerien hochgearbeitet hat. Inmitten der reichen Natur hatte Peter Affenzeller 2005 die »Schnapsidee«, auf dem elterlichen Bauernhof die edle Spirituose herzustellen – ausschließlich aus eigenem Getreide, mit klarem Mühlviertler Quellwasser und heimischem Holz für die Fässer. Der Erfolg kann sich sehen lassen! Binnen weniger Jahren perfektionierte er die Herstellung und machte seine Produkte zu weltweit gefragten Aushängeschildern der Region. Zahlreiche Auszeichnungen, darunter sieben Goldmedaillen bei der *Destillata* 2016 und das Prädikat »Whisky des Jahres« ließen nicht lange auf sich warten.

Am besten lernt man das »Gold des Mühlviertels« auf einem Rundgang kennen. Nach einer Einführung in die Entstehungsgeschichte der Destillerie und dem Riechen und Schmecken der verwendeten Getreidesorten erhält man Einblicke in den Herstellungsprozess, vom Mälzen über das Schroten und Maischen bis hin zum Gären, Destillieren und Lagern.

Frei nach dem Sprichwort »Ein Glas ist fabelhaft, zwei sind zu viel, drei sind zu wenig« lädt Peter Affenzeller dazu ein, das reichhaltige Angebot zu verköstigen und den persönlichen Favoriten zu finden. Darf's der intensive Blend Whisky sein, der goldene Single Malt, der intensive, dunkle Grain, der fruchtige White oder doch lieber der um Honig-, Vanille- und Zimtaromen angereicherte Liqueur? Angemessen stilvoll geht man dieser Frage zusammen mit der Verkostung exklusiver Köstlichkeiten wie der selbstgemachten Whiskyschokolade nach. Oder mit einer handgerollten kubanischen Zigarre. Aber das ist eine andere Geschichte für einen ganz anderen Reiseführer.

Sie wollen die Destillerie näher kennenlernen? Dann buchen Sie eine Führung mitsamt Verkostung – Anreise per Hubschrauber oder Limousine auf Wunsch inklusive.

55

Lebzeltarium –
Lebkuchen Erlebniswelt
Lebzelterstraße 240
A-4190 Bad Leonfelden
+43 (0)7213 2006521
www.lebzeltarium.at

Süssen Versuchungen nachgeben

Lebzeltarium – Lebkuchen Erlebniswelt

Fragt man den lieben Nachwuchs, was denn so alles zu einem perfekten Kindertag gehört, dann fallen dabei nahezu unausweichlich die Begriffe »Spielen«, »Spaß« und natürlich »Süßigkeiten«. Eine perfekte Symbiose daraus finden alle Eltern im *Lebzeltarium* in Bad Leonfelden, dem wohl süßesten Ausflugsziel des Mühlviertels. Am Rande des Ortes bietet das Traditionsunternehmen Kastner alles, was erlebnishungrige Liebhaber glucosereicher Gaumenfreuden begehren.

Auf rund 300 Quadratmetern Ausstellungsfläche kann die wunderbare Welt der kandierten, kräftig gewürzten Lebkuchen ausgiebig und mit allen Sinnen erschlossen werden. Ob durch Riechen, Schmecken, Tasten oder einfach nur Staunen – es gibt wohl nur wenige Orte, die den Traditionsberuf des Lebzelters so schön erfahrbar machen wie dieser hier. Die Erlebnisstationen reichen von schmucken Kunstwerken aus Lebkuchen über Informationen zu den Rohstoffen und dem Berufsspektrum eines Zuckerbäckers bis hin zu Einblicken in die Produktion und die Geschichte des Familienunternehmens, das Freunde süßer Genüsse bereits seit 1559 mit feinsten Köstlichkeiten verwöhnt. Unternehmungslustige Schleckermäulchen können ihre Erfüllung bei der Herstellung und Verzierung ihres ganz persönlichen Lebkuchenherzens finden – genussvolle Verkostung selbstverständlich inbegriffen.

Also nichts wie auf ins Vergnügen, zu einer wahrhaft einzigartigen Kombination aus Spiel, Spaß und Süßigkeiten, die nicht nur Kinderherzen höherschlagen lässt. Wer es gerne etwas gemütlicher angehen möchte, der kann die Seele im zugehörigen Lebzelter Café baumeln lassen, eine Tasse des herrlich duftenden Heißgetränks genießen und in einer schier unendlichen Auswahl an Konditormehlspeisen der Frage nachgehen, welches davon denn nun am besten schmecke …

Die gesamte Produktpalette erhalten Sie im angeschlossenen Shop, exklusive Spezialitäten inbegriffen. Hier ist durchgehend Weihnachtszeit!

56

Kumpfmühle
Mühlweg 15
A-4232 Hagenberg im Mühlkreis
+43 (0)7236 3305
www.kumpfmuehle.at

Zum rauschenden Bach wandern

Kumpfmühle

Hat man den pulsierenden Linzer Großraum erst einmal gen Nordosten hinter sich gelassen, so verändert sich die Landschaft nahezu schlagartig. Hoch über dem Donautal betritt man das Aist-Naarn-Kuppenland, ein üppig bewaldetes Hügelland der Böhmischen Masse voll der malerischen Täler, die zahlreiche wunderbare Entdeckungsreisen eröffnen.

Ausgesprochen lohnenswert ist die Wanderung durch das Becken der Feldaist, die sich von ihrem Ursprung nahe Grünbach auf rund 52 Kilometern schwungvoll bis zu ihrer Mündung in die Aist bei Schwertberg schlängelt. Das erste Landschaftsschutzgebiet Oberösterreichs ist nicht nur reich an Schätzen der Natur wie unberührten Flussabschnitten mit kristallklarem Wasser voller Flussperlmuscheln, Bachforellen, Saiblingen, Äschen und Döbeln. Auch kulturelle Besonderheiten sind zahlreich vertreten, wie eine Fülle an historischen Mühlen, die von ganz unterschiedlichen Schicksalen zeugen. So wurde etwa die Bruckmühle bei Pregarten zum Kulturzentrum und aus der Kriehmühle haben sie eine feine Gaststätte gemacht. Wer jedoch hineinschnuppern will in jene Tage, als die Mühlen noch von essenzieller ökonomischer Bedeutung für die Region waren, dem sei die Wanderung zur Kumpfmühle empfohlen. In aufwändiger Kleinarbeit restauriert und renoviert, strahlt das Bauwerk aus der Frühen Neuzeit heute in zeitloser Eleganz. Ein eigenes Museum mitsamt originalgetreuer Getreidemühle lässt keine Fragen zum Wirken der Müller in den vergangenen Jahrhunderten offen. Und wer ganz genau hinsieht, der kann sogar eine echte Venezianersäge entdecken, mit der seinerzeit Schnitt- und Möbelholz produziert wurde. Und deren Erfinder war ja niemand geringerer als Leonardo da Vinci.

Starten Sie Ihre Wanderung am Bahnhof Pregarten Richtung Nordosten. Nach wenigen Minuten sind Sie bereits im Tal der Feldaist, dem Sie flussaufwärts folgen – wunderbare Naturerfahrungen inklusive!

57

Jagdmärchenpark Hirschalm
Hinterberg 20
A-4273 Unterweißenbach
+43 (0)7956 6900
www.jagdmaerchenpark.at

DEN MAGISCHEN KRISTALL SUCHEN

Jagdmärchenpark Hirschalm

Oh Schreck! Der Hirschkönig Farok ist verwundet, und nur der sagenhafte magische Kristall kann ihn retten! Jetzt heißt es alle Kräfte bündeln, die Schuhe schnüren und sich auf ins Abenteuer machen.

Im Jagdmärchenpark Hischalm sind Groß und Klein herzlich eingeladen, mitzuhelfen und den Herrscher des Mischwaldes vor seinem Niedergang zu bewahren. Doch selbst diejenigen, die bei einer solchen Herkulesaufgabe Neuland betreten, müssen nichts befürchten. Schon auf den ersten Schritten entpuppt sich die Rettung Faroks nämlich als ein abwechslungsreiches Vergnügen, das zu zahlreichen Attraktionen in den Wäldern bei Unterweißenbach entführt. Über 50 Stationen laden zum Spielen, Entdecken und Erleben an der gut zwei Kilometer langen Erlebnisstrecke ein. Ob Schaukelwald und Buchstabenbaum, Irrgarten oder Tastpfad, die Spuren des magischen Kristalls sind an den unterschiedlichsten Orten zu finden. Unter den mal strengen, mal entspannten Blicken der Waldbewohner kann man sich hier nach Herzenslust austoben. Und natürlich auch rasten, um die zutraulichen Tiere zu füttern oder zu streicheln. Zu Recherchezwecken selbstverständlich, denn Hirsche, Zwergponys, Rentiere und Ziegen sind ja allesamt nicht nur sehr angenehme Weggefährten, sondern auch potenzielle Informanten auf der Suche nach dem magischen Kristall.

Der Jagdmärchenpark ist nicht nur im metaphorischen Sinne reich an Höhepunkten. Auch wortwörtlich kann man hier vielerorts hoch hinaus, sei es bei der Sommerrodelbahn, der Familienachterbahn oder auf dem 17 Meter hohen Free-Fall-Turm. Die höchste Freude freilich ist das Strahlen in den Kinderaugen, wenn sie nach einem heiteren Tag begeistert von ihren Erlebnissen berichten, voller Stolz über den Fund des Kristalls und die Rettung des edlen Hirschkönigs Farok.

Wanderfreunde starten von der Hirschalm zu kleinen Entdeckungsreisen durch die Landschaft und nehmen etwa die Gipfelkreuzrunde oder den Hirschalmrundwanderweg durch die Klammleitenschlucht.

58

Weltuntergangssteine
Erreichbar über den Kulturwanderweg
Startpunkt: **Infotafel beim Marktgemeindeamt**
Hauptstraße 9
A-4294 St. Leonhard bei Freistadt
+43 (0)7952 8255250
www.stleonhard.at

DIE MENSCHHEIT RETTEN

Weltuntergangssteine

Egal ob Alien-Invasion, Zombie-Apokalypse, Ragnarök, Megavulkanausbruch, Meteoriteneinschlag oder einfach nur eine Supernova – das Ende der Menschheit scheint unvermeidbar, und wenn man mehr oder weniger seriösen Quellen glauben darf, dann auch ganz genau vorherzuberechnen. Gleichwohl haben sich alle dahingehenden Prophezeiungen zur allgemeinen Erleichterung als bislang sehr unzuverlässig erwiesen. Da beglückt es nicht nur Freunde düsterer Endzeitszenarien flugs doppelt, dass mit den beiden Weltuntergangssteinen nahe St. Leonhard bei Freistadt endlich Prognoseinstrumente zugänglich sind, deren Genauigkeit außer Zweifel steht: Berühren sich die beiden nämlich, dann geht die Welt unter, ganz sicher.

Zugegeben, wie bei allen solchen Prophezeiungen gibt es auch hier Skeptiker, die versuchen, dieses Phänomen mit wissenschaftlichen Erklärungen abzutun. Da wird von Findlingen gesprochen, die auf unruhigem Unterboden liegen und der Schwerkraft folgen, seit sie von einem Gletscher in der letzten Kaltzeit hier zurückgelassen worden sind. Von alten Sagen, die sich Zigeuner hier erzählten. Von einer geheimnisvollen Opferschale, die nur mittels Leiter erreicht werden kann, und von Wallfahrern, die jedes Jahr hierher kommen.

Unbestritten, wo früher noch ein Fuhrwerk hindurchpasste, ist heute deutlich weniger Platz. Doch da muss man nicht zwangsläufig pessimistisch werden, sondern kann es auch angehen wie der Andi Bräu, der so gerne hierher wandert und seinen ganz persönlichen Beitrag zur Rettung der Menschheit leistet. »Man muss nur kräftig drücken, dann sind pro Stunde gut und gerne drei Millimeter drin«. Kann die Katastrophe so verhindert werden? Wir werden es erfahren. Spätestens wenn die Welt untergegangen ist.

Eine märchenhafte Aussicht erhalten Sie von der Susi-Wallner-Warte am Predigtberg. Den notwendigen Schlüssel können Sie bei der Gemeinde Herzogreith sowie in den Gasthäusern Schwarz und Jako erhalten.

59

Die **Burg Reichenstein** beherbergt das **Oberösterreichische Burgenmuseum**
Reichenstein 1
A-4230 Tragwein
+43 (0)7236 31400
www.burg-reichenstein.at

VOR DEM ABSTURZ BEWAHRT WERDEN

Burg Reichenstein

Die jüngere Geschichte der Burg Reichenstein begann mit einem lauten Krach. 1989 lösten sich mit einem Mal alte Bauteile aus der Anlage und stürzten mit erheblichem Lärm den steil abfallenden Felssporn ins enge Tal der Waldaist hinunter. Im Nachhinein betrachtet ein echter Glücksfall, denn mit einem Male erhielt die verödete, mehr als zwei Jahrhunderte lang unbewohnte Anlage eine gehörige Portion öffentlicher Aufmerksamkeit. Ein eigens gegründeter Kultur- und Erhaltungsverein kümmert sich seither um das Anwesen, saniert und renoviert fleißig und hat die langjährige Ruine so zu einem echten Besuchermagneten werden lassen.

Die Grundfesten der Burg wurden wohl im 13. Jahrhundert gelegt, als im Lande ob der Enns das Geschlecht derer von Capellen regierte. Bis auf die alte Kapelle ist aus jenen Tagen jedoch nichts mehr erhalten. Vielmehr prägt der 1567 unter Christoph Haym erbaute Renaissance-Trakt das Erscheinungsbild der geschichtsträchtigen Anlage. Man sagt, der eher klamme steirische Ritter habe die Geneigtheit seiner Untertanen bei der Finanzierung wohl etwas überstrapaziert, da er einige Jahre später erschossen aufgefunden wurde. Nach langen Jahren unsteter Nutzung fiel Reichenstein schließlich 1729 an die Starhemberger, die aber wenig damit anzufangen wussten und die Burg schließlich 1750 brachlegten.

Es ist dem großen Engagement der Reichensteiner Vereinsmitglieder zu verdanken, dass die Burgruine heute ihren zweiten Frühling erlebt. 2013 durfte man gar etwas ganz Besonderes im Mühlviertel feiern: Das Oberösterreichische Burgenmuseum öffnete seine Pforten im nunmehr bausicheren Gebäude und bietet seitdem hervorragend aufbereitete Einblicke in die große Zeit der Ritter und Burgen.

Auf dem Areal finden wechselnde Ausstellungen sowie Musikveranstaltungen und Theateraufführungen statt. Aktuelle Veranstaltungshinweise finden Sie auf der Homepage der Burg.

60

Historisches Stadttheater Grein
Stadtplatz 7
A-4360 Grein
www.stadttheater-grein.at

Information und Buchung nebenan beim **Tourismusverband Grein**
+43 (0)7268 7055

ZUR STRAFE KUNST GENIESSEN

Historisches Stadttheater

Die Welt des Theaters ist voll der Superlative, und nicht nur Liebhaber kommen ins Schwärmen, wenn sie vom ältesten Theater in Rom, von der größten Bühne in Berlin oder dem voluminösesten Saal in New York berichten. Da muss manch Greiner gerne schmunzeln, denn auch die kleine Gemeinde an der Donau wird bei solchen Aufzählungen früher oder später genannt. Im historischen Ortszentrum befindet sich das älteste erhaltene Bürgertheater Österreichs, und man übertreibt nicht wenn man hinzufügt: ein echtes Kleinod.

Im 18. Jahrhundert durchdrang der Geist der Aufklärung die Gemeinde und viele Bürger wünschten sich eine würdige Aufführungsstätte für die populären deutschen Klassiker. Es dauerte nicht lange, der Buchbinder Xaver Dörr hatte einen entsprechenden Antrag gestellt, und der alte Getreidespeicher des 1563 errichteten Rathauses war umgebaut und das Stadttheater konnte 1791 eröffnet werden. Es scheint, als seien bei der Anlage des 165 Besucher fassenden Saals im späten Rokokostil keine Wünsche unberücksichtigt geblieben. Bei günstigen Eintrittspreisen war man hier schon immer ganz nah an der Bühne. Die berühmten verschließbaren Sperrsitze in bester Lage sorgten auch für eine Stammplatzgarantie. Und selbst eine schwache Verdauung konnte den Theatergenuss nicht mehr unterbrechen, dem stillen, nur durch einen Vorhang abgetrennten Örtchen inmitten des Vorstellungssaals sei Dank. Dass selbst die Greiner Häftlinge ausgesprochen kunstsinnig, wenn auch nicht immer gesetzestreu gewesen sein mögen, belegt schließlich der vergitterte Durchbruch zum nebengelegenen Gefängnis, durch den sich das Treiben auf der Bühne wunderbar verfolgen ließ. Ob sich da nicht der eine oder andere zu einer kleinen Straftat hat verleiten lassen, der somit kostenlosen, holden Kunst halber?

Kulturliebhaber schätzen die Aufführungen der Laienbühne. Besuchen Sie auch das angeschlossene Museum, das wunderbare Einblicke gibt in die bunte Welt des 2021 generalsanierten Greiner Theaters.

61

Schloss Greinburg
Greinburg 1
A-4360 Grein
+43 (0)664 9861981
www.schloss-greinburg.at

MAL GANZ NETT FRAGEN

Schloss Greinburg

Im beschaulichen Grein, auf einem Granitfelsen hoch über der Donau, thront das Schloss Greinburg, das älteste Wohnschloss Österreichs. Die Viertürmeanlage mit Torturm, Palas und Kapelle war von den Gebrüdern Heinrich und Siegmund Prüschenk, Freiherren von Stettenberg, im 15. Jahrhundert gegründet worden und gelangte über zahlreiche Umwege schließlich 1823 in den Besitz des Adelsgeschlechts derer von Sachsen-Coburg und Gotha. Und welch königliches Flair durchdrang den Ort mit einem Mal! Die Fürsten hatten nämlich ein vorzügliches Händchen, das neu geschaffene Doppelherzogtum durch geschicktes Anheiraten mit dem europäischen Hochadel zu vernetzen. Nach der Hochzeit von Prinz Albert mit der englischen Königin Victoria wurden deren dynastische Linien durch neun Kinder und 42 Enkelkinder fortgeführt, wodurch das Fürstenhaus zeitweise im deutschen Kaiserreich, in Russland, Rumänien, Jugoslawien, Griechenland, Spanien, Norwegen, Schweden und Dänemark mitregierte. Auch wenn die Anwesenheit europäischen Hochadels in Grein in gewisser Weise zur Selbstverständlichkeit geworden ist – ein bisserl stolz darf man natürlich trotzdem sein, wenn das royale »Who is who« mal wieder im Schloss zu Besuch ist, der Jagd frönt oder durch den Ort lustwandelt.

Es gibt viel zu bestaunen an diesem geschichtsträchtigen Ort, am besten im Rahmen der fachkundigen Führungen. Da erfährt man nicht nur unzählige Hintergrundinformationen und Anekdoten rund um das prächtige Schloss mit seinem stimmungsvollen Arkadenhof, dem spätgotischen Diamantgewölbe, dem großen Rittersaal mit der angeschlossenen Schlosskapelle und der wunderbaren Sala terrenea. Vielleicht darf man sogar auch auf jenem Sessel Platz nehmen, auf dem auch der Fürst so gerne sitzt, wenn er in Grein weilt. Wenn man ganz nett fragt.

Sie planen das besondere Fest? Dann mieten Sie doch einen der prächtigen Säle und feiern Sie an einem ganz erlesenen Ort.

62

Stillsteinklamm
Startpunkt: **Aumühle Schöller**
Panholz 17
A-4360 Grein
+43 (0)7268 8130
www.aumuehle.at

Der Rückweg auf dem Höhenweg 7 eröffnet einen wunderbaren Donaublick

DURCH ECHTE LIEBE REICH WERDEN

Stillsteinklamm

Wandert man den Gießenbach hinauf, so verengt sich das Tal zusehends. Dicke Granitbrocken, dichte Wälder und eine alte Mühle säumen den Weg, bis er langsam in schroffen Felslandschaften verschwindet. Jetzt hat man sie erreicht, die Stillsteinklamm des Gießenbaches, die auf gut fünf Kilometern ein fantastisches Naturerlebnis eröffnet.

Die facettenreiche Landschaft und ein unstetes Plätschern zaubern nicht nur Naturliebhabern ein breites Grinsen ins Gesicht. Auch Schatzsucher bekommen feuchte Hände und beginnen fast schon zwanghaft, die massiven Gesteinsbrocken nach der alles entscheidenden Öffnung abzusuchen. Der Sage nach verbirgt sich unter dem mächtigen Fels eine Halle voller Gold und Edelsteine. Also nichts wie auf zur Erkundung der Klamm, die schon seit den 1880er-Jahren unzählige Menschen in ihren Bann zieht! Auf den ersten Metern des Weges, den der eigens gegründete Verschönerungsverein schon zu Zeiten der k. u. k. Monarchie angelegt hat, kann man friedliche kleine und rauschende große Wasserfälle, fröhliche Kaskaden und traumhafte Lichtspiele inmitten des bunten Mischwalds aufspüren. Mit jedem Schritt wird es jedoch auch immer düstrer, ruhiger, gespenstischer, bis ein riesiger überhängender Fels den Himmel verdunkelt und das Wasser plötzlich im Untergrund verschwindet. Nun hat man das Herz der Klamm erreicht, jene »Steinerne Stube«, von der gesagt wird, dass sie unzählige Schätze verberge, die nur durch reine Liebe gefunden werden können.

Hier kann sie also beginnen, die Suche nach den wertvollen Dingen des Lebens. Und ein jeder wird auch fündig werden, lässt man nur Hacke und Schaufel liegen: Einfach die Augen schließen, die klare Luft einatmen und der Melodie des Waldes lauschen, inmitten dieses so einzigartigen Schatzes der Natur.

Genießen Sie zum Abschluss Ihrer Erkundung einen zünftigen Schweinsbraten in der Aumühle Schöller.

63

Machland
Startpunkt Wanderung:
Burgruine Spilberg
Spilberg 1
A-4222 Langenstein
www.spilberg.at

**Naturinformations-
zentrum Machland**
Saxen 8
A-4351 Saxen
+43 (0)650 3157223
www.entenlacke.com

VON STÖRCHEN LERNEN

Machland

Störche sind in Europa gemeinhin sehr gerne gesehen. Mit ihnen verbindet man unzählige positive Assoziationen, darunter glücklichen Nachwuchs, Gesundheit und Wohlstand. Dabei schwingt auch der Glaube mit, dass es sich zwischen Mensch und Meister Adebar um eine besondere übernatürliche Beziehung handelt. Sind die gefiederten Gesellen glücklich, so geht es uns allen gut.

Aus dem Bewusstsein heraus, dass die zunehmende Zerstörung der Umwelt, Industrialisierung der Landwirtschaft und Flächenversiegelung nicht nur den Störchen, sondern der Natur insgesamt und damit wiederum den Menschen schadet, ist mit dem Naturschutzbund Regionalgruppe Machland eine bemerkenswerte Initiative entstanden. Sie verfolgt das Ziel, die naturnahen Lebensräume am nördlichen Donauufer zwischen Aist und Sarmingbach zu bewahren und zu einem Schutzraum auszuweiten. Das Machland mit seinem bunten Mosaik aus Wäldern, Mager- und Trockenrasen, Forsten, Wiesen und Äckern ist geprägt von einer biologischen Vielfalt mit einer ganzen Reihe von geschützten und vom Aussterben bedrohten Tier- und Pflanzenarten. Gleichwohl wurde die Altauenlandschaft im Zuge der Donauregulierung in den vergangenen Jahrhunderten stark überformt und verarmt zusehends.

Umso mehr scheint es an der Zeit zu handeln: die Menschen für seine besondere Schutzbedürftigkeit zu sensibilisieren und einzustehen für den sensiblen Naturraum mit seinen prominenten Bewohnern, darunter Biber, Mopsfledermäuse, Kammmolche und Gelbbauchunken. Ein unterstützenswertes Anliegen, das umso sympathischer wird, wenn man bei der Wanderung durch die schöne Landschaft mit der Allerliebsten plötzlich einem glücklichen Weißstorch begegnet, der einem vielsagende Blicke zuwirft. Seine Art, eine besonders frohe Nachricht zu überbringen? Wer weiß …

Eine treffliche Gelegenheit, mehr über die Auenlandschaft des Machlands zu erfahren, bietet sich im Naturinformationszentrum in Saxen.

64

Die **Zwischenbrücken** erreichen Sie leicht vom Stadtplatz
A-4400 Steyr

Tourismusverband Steyr am Nationalpark
Stadtplatz 27
A-4402 Steyr
+43 (0)7252 53229
www.steyr-nationalpark.at

EIN ROMANTISCHES IDYLL BESTAUNEN

Zwischenbrücken

Aus gutem Grund wird der abendliche Spaziergang durch malerische Altstädte ganz besonders geschätzt, wenn er über eine Brücke führt: Hoch über dem Wasser findet man Ruhe, um das urbane Idyll mit etwas Distanz zu betrachten, und oft wird einem beim sanften Murmeln des Flusses und dem Schimmern urbaner Lichterspiele regelrecht schwärmerisch zumute. Nicht nur Liebhabern einer solchen romantischen Empfindsamkeit sollte der Besuch der Zwischenbrücken in Steyr dringend angeraten werden.

Von der Plattform nahe des historischen Wasserturms aus dem 16. Jahrhundert hat man einen wahrlich formidablen Blick auf die Altstadt und den Zusammenfluss der beiden Flüsse, welche die Entwicklung der Statutarstadt über Jahrhunderte hinweg so maßgeblich geprägt haben: Die Enns, die lange Zeit von herausragender Bedeutung für den Transport von Eisen aus dem Erzberg gewesen war, und der kleinere, klare Steyr-Fluss, der seinen rund 70 Kilometer währenden Weg aus dem Toten Gebirge hier beendet. Der ideale Standort, um den Sonnenuntergang zu bewundern und zu weiteren frohen Taten voranzuschreiten. Am Ufer der Enns befindet sich die alte Löwenapotheke mit ihrer wunderschönen Barockfassade, im Westen lockt ein gotischer Torbogen über dem Aufgang von Schloss Lamberg zu einem kurzen Besuch und gegenüber laden Taborturm und die ehemalige Jesuitenkirche St. Michael mit zeitloser Eleganz zum andächtigen Bestaunen ein. Man muss sich jedoch nicht schämen, wenn man inmitten solcher verträumter Schönheit nur unentschlossen verweilt. Vielleicht hat man genau damit die beste von vielen Optionen für sich gefunden: Ruhig durchatmen, den Augenblick auskosten und das so zeitlose romantische Idyll in aller Entspannung genießen.

Nehmen Sie sich etwas Zeit und betrachten Sie das Fresko über dem Torbogen etwas genauer: Die abgebildeten Habsburger Kaiser Friedrich III. und sein Sohn Maximilian gelten als die Gründer der Stadt.

65

Schloss Lamberg
Berggasse 2
A-4400 Steyr
+43 (0)2231 6007440
www.schlosslamberg.at

Audienz gewährt bekommen

Schloss Lamberg

Gemeinhin wird die Bedeutung des Wortes »Audienz« mit der Gewährung des Erscheinens vor einer deutlich höhergestellten Persönlichkeit umschrieben. Ein Begriff also, den man nahezu zwangsläufig mit feudalen Burgen in Verbindung bringt und der einem sofort präsent ist, wenn man das prächtige Schloss Lamberg in Steyr betritt.

Dessen Vorgänger, die mystische »Styraburg«, gilt als Namensgeber für das heute östlich gelegene Bundesland Steiermark. In seiner ursprünglichen Form im 10. Jahrhundert von den Traungauer Grafen erbaut, wechselte sein Besitz von den Babenbergern über die Habsburger bis zu den Grafen von Lamberg, welche die Anlage 1727 neu errichteten und neben dem prachtvollen Barockschloss auch einen großzügigen englischen Landschaftspark anlegen ließen. Ein zeitloser Ort, um zu flanieren, Konzerten zu lauschen oder der Liebsten das Ja-Wort im angemessenen Rahmen zu geben!

Die reiche Geschichte wird allerorts offenkundig, sei es in der ehemaligen Schlosskapelle, in der barocken Bibliothek, am Brunnen mit den charismatischen Zwergerlfiguren, im prächtigen Arkadengang, in der Schlossgalerie oder am alten Römerturm, dem wohl letzten Relikt der ursprünglichen Burg. Nur mit der Audienz war das lange so eine Sache, denn seit 1961 ist Lamberg im Besitz der Österreichischen Bundesforste, und deren Dienststellenleiter sind ja per definitionem Staatsdiener und keine höhergestellten Persönlichkeiten. Wer könnte also besser Audienz gewähren als die von pfiffigen Beamten 1989 im Schlosshof angesiedelten Alpensteinböcke? Als formidable Kletterer thronen sie nicht nur von Natur aus hoch oben, sondern haben auch diesen ganz besonderen, wahrhaft fürstlichen Blick, mit dem sie das Erscheinen des gemeinen Bürgers zu würdigen wissen.

Im Schlossgraben finden den ganzen Sommer hindurch Opern- und Musicalaufführungen statt – einzigartige Atmosphäre garantiert!

66

Stiegenanlagen
Beginnen Sie Ihren Spaziergang mit einem Aufstieg zur Burg von der Schulstiege 1
A-4400 Steyr

DIE ZEIT KURZ STEHEN LASSEN

Stiegenanlagen

Beim Erkunden von mittelalterlich geprägten Städten liegt der Blick meist auf den prominenten Elementen wie Burg, Stadtmauer, Kirche oder Marktplatz. Mitunter übersehen wir jedoch gerne jene unscheinbaren Seiten, welche dem Ort damals wie heute ein außergewöhnliches Flair verleihen In Steyr gehören hierzu unbestritten die zahlreichen Stiegenanlagen, die sich – teils offen, teils überdacht, teils sogar eingehaust – wie ein zweites Wegenetz durch die Stadt schlängeln. Hat man die kleinen Gasserl erst einmal betreten, so ist man rasch von ihrem Zauber gefangen. Dunkel wird's, ruhig, manchmal sogar ein bisserl unheimlich. Sofort fühlt man sich in alte Zeiten zurückversetzt, als die Steyrer die steilen Gassen nutzten, um auf kürzestem Wege die Stadt zu durchqueren. Vom Marktplatz etwa hinauf zum Brucknerplatz, und von dort gleich weiter zum Grünmarkt. Oder direkt zur Schule, ohne lange Umwege, unter den strengen Augen der Erwachsenen. Und sonntags natürlich zur Margaretenkapelle, mit andächtigem Blick und behutsamen Schritten.

Neben dem Weg selbst sind es natürlich die Begegnungen, die das Erkunden der Stiegen so spannend machen. Die Menschen scheinen hier freundlicher, aufgeschlossener und ehrlich dankbar, wenn man ihnen mit einem Lächeln Platz zum Passieren macht. Gerne möchte man da viel länger in der Frauen-, Mayr-, Tabor-, Schul-, Pfarr- oder eben Uprimnystiege verweilen, um diesen einzigartigen mittelalterlichen Geist zu spüren. Aber früher oder später lockt dann doch das sonnige Ende. Und spätestens wenn man aus der kühlen und schattigen Gasse auf den lichtdurchfluteten Stadtplatz tritt und sich urplötzlich inmitten einer emsig herumwuselnden Menschenmenge befindet, dann wird einem klar, wie sehr die Zeit stehen geblieben ist, nur ein paar Meter zurück.

Besonders stimmungsvoll wirken die Stiegen auf einer geführten Nachtwanderung durch die Altstadt! Tickets sind bei der Tourismusinformation am Stadtplatz erhältlich.

Stadtplatz Steyr
A-4400 Steyr

Stadtmuseum Steyr
Grünmarkt 26
A-4402 Steyr
+43 (0)7252 5470115
www.steyr.gv.at

LÖWEN BÄNDIGEN

Stadtplatz

Die rund 1.000-jährige Stadt Steyr ist durchaus zu beneiden: Sie hat nicht nur eine Vielzahl von umsichtigen Landesherren gehabt, fleißige Bürger und pfiffige Architekten, sondern auch das Glück, dass viele sorgsam restaurierte Gebäude Zeugnis von vergangenen Zeiten geben und bis heute unzählige Besucher staunen lassen.

Der wohl schönste Eintritt in die wunderbare Vielfalt unterschiedlichster Stilepochen eröffnet sich, wenn man von der alten Löwenapotheke kommend durch die Enge Gasse zum Stadtplatz bummelt. Das Ensemble aus alten Bürgerhäusern weiß sofort zu begeistern. Besonders gefällig wirkt das prächtige Rathaus, eine der bedeutendsten Rokokobauten Österreichs. Ihm zu Füßen plätschert der dem Heiligen Leopold geweihte Stadtbrunnen friedlich vor sich hin. Als Symbol des Eisenhandels, welcher die Stadt prosperieren ließ, strahlt ein goldener, von zwei Greifvögeln gehaltener Stern von der spätbarocken Fassade des Sternhauses herab. Das gegenüberliegende Meditzhaus verbirgt in seinem Inneren einen schönen Renaissancehof mit malerischen Arkadengängen und stilsicheren toskanischen Säulen. Von hier kann man wunderbar hinuntergehen zum Ennskai und das historische Ambiente fast schon wie anno dazumal genießen.

Oberösterreichischen Kosenamen kann man schließlich am Stadtplatz 32 näher auf die Spur kommen: Das ehemalige Wirtshaus zum Goldenen Löwen gilt nicht nur als Wahrzeichen der Stadt, sondern auch als eine der besterhaltenen Profanbauten Österreichs. Und weil der Löwe, der da noch heute hängt, so niedlich blickt, gaben ihm die Steyrer auch gleich den passenden Spitznamen. »Bummerl« passt halt nicht nur hervorragend zu einem kleinen, dicken Hunderl, sondern eben auch zu all denjenigen, die gerne furchteinflößender wären, als sie es in Wirklichkeit sind.

Statten Sie dem 1621 errichteten Innerberger Stadel einen Besuch ab! Neben dem Steyrer Stadtmuseum finden Sie hier auch das *Kripperl*, eines der ältesten Stabpuppentheater Österreichs.

68

Hoher Nock im Nationalpark Kalkalpen
Startpunkt Wanderung:
Parkplatz Jagahäusl
Dambach 63
A-4591 Dambach

Informationen gibt es im
Nationalpark Zentrum Molln
Nationalpark Allee 1
A-4591 Molln
+43 (0)7584 3951
www.kalkalpen.at

MIT ELAN ZUM GIPFELKREUZ KRAXELN

Hoher Nock im Nationalpark Kalkalpen

Eines vorweg: Wer auf den höchsten Berg der Kalkalpen gelangen und dabei den Hubschrauber in der Garage lassen möchte, der muss sich auf einen kräftezehrenden Fußmarsch einstellen. Denn Straßen oder gar Seilbahnen sucht man auf dem Hohen Nock vergebens. Dafür wird ein jeder, der sich der Anstrengung des Aufstiegs stellt, mit einer wunderbaren Aussicht auf den Nationalpark mehr als angemessen belohnt. 1.963 Meter über dem Meeresspiegel und dabei rund 1.000 Meter über dem sich südlich anschließenden Windischgarstner Becken gelegen, strahlen die hellen Wettersteinkalke des Berges weit über das Sengsengebirge hinaus eine Faszination aus, die nicht nur Bergsteiger packt.

Am einfachsten gelangt man von Norden aus dem Tal der Krummen Steyrling über die Feichtau auf das Nockplateau und von dort zum Gipfel. Auf diesem Weg kann man den 1997 gegründeten Nationalpark Kalkalpen wunderbar überblicken. Über 200 Kilometer unverbauter Bachläufe, 800 Quellen, mehr als 70 Höhlen, rund 30 Säugetier-, 80 Brutvogel- und 1.500 Schmetterlingsarten sowie mehr als 1.000 Pflanzenarten, darunter rund 100 Rote-Liste-Arten, warten darauf, entdeckt zu werden. Perfekt angelegte Wanderwege und Mountainbiketrails laden ein, die ausgedehnten Wälder, kristallklaren Bäche, wilden Schluchten und malerischen Almen zu erkunden. Durst und Appetit lassen sich bestens in den zahlreichen Gaststätten und Jausenstationen stillen. Und eines ist nach einem Besuch des Nationalparks ohnehin sicher: Man wird die Natur wieder mit anderen Augen sehen, denn selten wird die Schutzbedürftigkeit natürlicher Lebensbereiche so eindrucksvoll greifbar wie in dieser unberührten Natur rund um den stolz daraus hervorragenden Hohen Nock.

Schon gewusst? Das nahe Molln beherbergt nicht nur das Nationalparkzentrum der Kalkalpen, sondern gilt auch als Geburtsort der »Maultrommel«, die dort seit über 400 Jahren hergestellt wird.

69

»EurothermenResort« Bad Hall
Kurpromenade 1
A-4540 Bad Hall
+43 (0)7258 7990
www.eurothermen.at

ZU SICH FINDEN

EurothermenResort

In außerordentlichen Fällen reicht schon ein einzelnes Buch, um die Welt zu verändern. Im Kleinen mag dies sicherlich auch auf das Städtchen Hall zutreffen, das nach seiner ersten Besiedelung durch die Kelten lange Jahre ein eher unbeachtetes Dasein fristete. Doch dann erregte seine Erwähnung in der Stiftungsurkunde des Klosters Kremsmünster aus dem Jahre 777 als »Saline, die am Sulzbach liegt« die Aufmerksamkeit des jungen Mediziners Josef Starzengruber. Er begann, die Quellen des Ortes näher zu erforschen und veröffentlichte 1843 sein viel beachtetes Buch *Die Jod-, Brom- und Lithionhaltige Salzquelle zu Hall nächst Steyr in Oesterreich ob der Enns*. Zahlreichen Widerständen zum Trotz leitete er mit seinen Zeilen eine Entwicklung ein, welche mit der offiziellen Ernennung zum »Bad« 1876 und dem überregionalen Bahnanschluss 1882 ihren vorläufigen Höhepunkt fand.

Wie stolz wäre Dr. Starzengruber heute auf die Folgen seiner Publikation? Wo dereinst kleine Badehäuser den Zugang zum jodhaltigen Heilwasser der Tassiloquelle ermöglichten, genießen die Besucher im *EurothermenResort Bad Hall* nunmehr alle Annehmlichkeiten einer weitläufigen Thermen- und Hotellandschaft. Ob großes Innenbecken, Therme *Mediterrana,* Massagetempel, Panorama-Whirlpools, Jod-Dampfbäder, Saunawelt *Relaxarium* oder Vitalbecken mit bequemen Sprudelliegen – Freunde heilenden Warmwassers kommen hier voll auf ihre Kosten. Ein Hotel im Vier-Sterne-Standard sowie zahlreiche Restaurants stellen jeden Gast zufrieden. Mehr aber darf man an Bad Hall schätzen, dass es viel seines ursprünglichen Charmes bewahrt hat. Es ist nicht überlaufen, sondern überschaubar und bodenständig geblieben. Und lockt vielleicht gerade deshalb Stammgäste an, die hier in aller Ruhe und Beschaulichkeit entspannen, genesen und dabei zu sich finden wollen.

Im weitläufigen Kurpark Bad Hall kann man wunderbar relaxed im Hotel Miraverde residieren.

70

Kurpark Bad Hall
Hier befindet sich die Infostelle der **Tourismus region Bad Hall**
Kurpromenade 1
A-4540 Bad Hall
+43 (0)7258 72000
www.badhall.at

VON DER KUR ENTSPANNEN

Kurpark

Man kennt es ja nur zu gut: Da fährt man auf Kur, um sich zu entspannen, und schon wird's stressig. Anwendung hier, Fangopackung dort, Diätkost dazwischen, dann noch schnell zur Aromatherapie, und wenn man denkt, man hat's geschafft, dann erinnert einen auch schon wieder der Physiotherapeut an den nächsten Termin: »Handtuch und Wasserflasche nicht vergessen, wird anstrengend!«

Wer im heilsamen Kuralltag nach einer Auszeit sucht, der wird in Bad Hall rasch fündig. Im Herzen des Ortes wurde hier schon 1855 ein wunderschöner »Badgarten« durch den Hofgärtner des Stifts Kremsmünster angelegt, der in den Folgejahren Schritt für Schritt erweitert wurde. Heute kann man hier durch gut und gerne 34 Hektar abwechslungsreicher Grünlandschaft streichen, tief durchatmen und sich jedwede Auszeit vom Planschen nehmen. Fantasiereich angelegte Blumenbeete in herrlichster Farbenpracht, uralte Bäume mit schattenspendendem Blätterdach, ein großes Biotop mit leise quakenden Fröschen, eine Gradiergrotte voller duftender Hölzer sowie kunstvoll angelegte Schatten-, Rosen- oder Villengärten locken zum Flanieren und Entdecken. Besonders entspannt rastet es sich am fröhlich vor sich hin plätschernden Brunnen vor dem alten Badhaus. Das 1855 im neuklassizistischen Stil errichtete erste Thermengebäude beherbergt heute den Tourismusverband und die Direktion der Eurotherme. In der beschaulichen Anmut des Parks fühlt man sich sofort in alte Zeiten zurückversetzt, fernab von störenden Einflüssen. Was gibt es Entspannenderes, als dem friedlichen Treiben im Park in aller inneren Ruhe beizuwohnen? Zumal man sich so leicht wegducken kann in den Halbschatten der mächtigen Bäume, wenn er mal wieder nach einem sucht, dieser Physiotherapeut.

Statten Sie der Villa Rabl im Park einen Besuch ab. Das Musterbeispiel bürgerlicher Weltarchitektur weiß durch seine klaren Formen und die Einflüsse der italienischen Renaissance zu gefallen.

71

Burgruine Losenstein
Burgstraße 27
A-4460 Losenstein
www.burglosenstein.at

IN DIE TAVERNE AUSBÜXEN

Burgruine

Es soll ja nicht wenige Männer geben, die sich nachts im Bett wälzen und nichts sehnlicher herbeisehnen als ein beruhigendes Bier. Wäre da nicht die strenge Gattin an ihrer Seite, die selbst tief und fest schnarchend keine nächtlichen Exzesse zulässt. Wie glücklich mögen da die Ritter zu Losenstein gewesen sein! Solche Herausforderungen konnten sie gar galant lösen, der geschickten Architektur der alten Burg sei Dank.

Losenstein wurde von den Otakaren um das Jahr 1150 errichtet und sollte die Region vor brandschatzenden Truppen schützen. 1252 erhielt Dietmar von Steyr, ein besonders gewalttätiger Landesherr, die Burg im Tausch gegen die Stadt Steyr. Sein Sohn baute die Anlage Ende des 13. Jahrhunderts aus und ergänzte den alten Burgfried um das Wohnhaus, eine stark befestigte Vorburg und die Kemenate, das Frauenhaus. Das Schicksal der prächtigen Burg, die ihrem Besitzer wohl auch üppige Mauteinnahmen sicherte, bescherte ihr jedoch schon bald eine tragische Wende. Nachdem mehrere Erbteilungen für diverse Eigentumsstreitereien gesorgt hatten, beschloss Bernhard von Losenstein 1418, in sein schickes neues Wasserschloss in Losensteinleithen umzuziehen. Herrschaftslos verfiel die Burg schon bald und wurde schließlich zur Ruine.

Vom Ortszentrum kann man mit wenigen Schritten zur alten Anlage hinaufschreiten. Die Überreste der einst so eindrucksvollen Anlage laden zum Verweilen, Rasten oder Grillen am eigens eingerichteten Lagerfeuerplatz ein. Der wahre Zauber eröffnet sich allerdings erst im Untergrund. Am Eingang jenes Geheimgangs, durch welchen man dereinst von der Burg über eine Höhle ganz ungesehen in die Schlosstaverne gelangen konnte. »Hach«, wird sich da wohl so mancher Gatte im Halbschlaf denken, »Losensteiner Ritter müsste man gewesen sein …«

Die Burg ist ein wunderbares Ausflugsziel für Familien und bietet unter anderem eine kindgerechte Burgbeschreibung, eine Rätselrallye und vieles mehr!

72

Freilichtmuseum Schmiedleithen
Schmiedleithen 7
A-4592 Leonstein
+43 (0)650 2206094
www.schmiedleithen.at

DEN SCHMIEDEHAMMER SCHWINGEN HÖREN

Freilichtmuseum in der Schmiedleithen

Egal ob auf amerikanischen Farmen, russischen Weizenfeldern oder chinesischen Reisterrassen – wenn es an die Ernte ging, griff man in vergangenen Tagen bevorzugt zur blauen Sense aus Oberösterreich. Lange Zeit war das Mähwerkzeug der Exportschlager aus dem Gebiet zwischen Kremsmünster und Mariazell schlechthin. In den dortigen »Eisenwurzen« waren zahlreiche Standortvorteile optimal vereint: Hervorragendes Rohmaterial vom steirischen Erzberg, überregional angebundene Transportwege, Wasserkraft, motivierte Arbeitskräfte und ein weltweit unerreichtes technisches Know-how.

Der große Reichtum aus der Produktion von Sensen und Sicheln ist unmittelbar mit den »Schwarzen Grafen« verbunden. Die fleißigen Schmiedemeister mit dem rußig-dunklen Teint verstanden es, den Herstellungsprozess zu perfektionieren. Mehr aber waren sie außerordentlich weltoffene, gewandte Vertriebler, die ihre Waren rund um den Globus geschickt vermarkteten. Sie führten einen luxuriösen Lebensstil, hatten eine eigene Hammerherrentracht und wussten ihre Anwesen durch kostbaren Hausrat, Kunstwerke und Souvenirs aus der ganzen Welt zu außerordentlichen Orten zu machen.

Noch heute zeugen zahlreiche Besitztümer der Schwarzen Grafen von jener reichen Vergangenheit, die erst mit der Mechanisierung der Landwirtschaft endete. Ein einzigartiges Ensemble ist im Freilichtmuseum in Schmiedleithen erhalten. Bei einem Spaziergang durch die Anlage gelangt man vom Gärtnerhäusl über den prächtigen Herrschaftsgarten, den Eiskeller, die Mostpresse, das Mühlhäusl, den Kohlespeicher und mehrere Herrenhäuser zum alten Schmiedehaus, in dem einst die Esse angeschürt und der Schmiedehammer geschwungen wurde. Das glühende Herzstück einer weltweit einzigartigen Erfolgsgeschichte.

Vom Freilichtmuseum aus führt ein ausgeschilderter Themenweg unter anderem zu einer Waldklause, zum Schloss Leonstein und zur Jausenstation beim Reiterhof Moar.

78

Stift Kremsmünster
Stift 1
A-4550 Kremsmünster
+43 (0)7583 52750
www.stift-kremsmuenster.net

MIT TASSILO EIN KLOSTER ERGRÜNDEN

Stift

Wer glaubt, Globalisierung sei ein Produkt der Neuzeit, der sei durch einen Blick zurück ins Frühmittelalter rasch eines Besseren belehrt. Gemeinhin wird hier der Beginn der Karolingischen Renaissance angesiedelt. Ab dem Jahr 777 setzte im Fränkischen Reich ein beispielloser kultureller Aufschwung ein, der neben der Verwaltung, dem Bildungswesen, der Sprache und der Literatur auch die Baukunst erfasste und ganz Europa für immer veränderte.

Wie sehr diese Impulse vom Hof des damaligen Königs Karls des Großen nach ganz Europa ausstrahlten, mag die Geschichte seines werten Vetters Tassilo III. verdeutlichen. Der letzte bayerische Herzog aus dem Geschlecht der Agilolfinger galt nicht nur als außerordentlich gebildet, sondern wurde offenkundig auch durch seinen Onkel inspiriert. Er weitete den bayerischen Einfluss bis in den östlichen Mittelmeerraum hinein aus, beteiligte sich an der Errichtung von Adelsklöstern und stiftete zahlreiche Klöster selbst. Eines der prominentesten darunter finden wir in Kremsmünster. Seine Gründung lässt sich aus dem Streben nach einer Christianisierung Europas, der Konsolidierung gegen heidnische Einflüsse und der Abwehr muslimischer Expansionsbemühungen erklären. Die großzügige Anlage kann als bedeutsames zeitgeschichtliches Relikt gesehen werden, da sie eine Unzahl an Schätzen beherbergt – etwa die farbenfroh barockisierte Stiftskirche mit Deckenfresko, die beeindruckende Stiftsbibliothek, die Sternwarte im ersten Hochhaus Europas, das Refektorium sowie den prächtigen Kaisersaal. Die größte Kostbarkeit wird freilich in einer eigenen Schatzkammer verwahrt: Jener weltberühmte Tassilokelch, den der bayerische Herrscher einst seiner Gattin Luitberga stiftete, aus Freude über dieses wahrhaft historische Kloster.

Wagen Sie einen frühmorgendlichen Spaziergang auf die Hügel des nördlichen Kremstals. An klaren Tagen haben Sie von hier aus einen atemberaubenden Blick auf das Stift vor der Kulisse der Alpen.

74

Kleinerberg
Startpunkt Wanderung:
Museumstraße 7
A-4580 Windischgarsten
www.wurbauerkogel.at

Tourismusverband Pyhrn-Priel
Bahnhofstraße 2
A-4580 Windischgarsten
+43 (0)7562 5266
www.urlaubsregion-pyhrn-priel.at

EINE AUSZEIT NEHMEN
Kleinerberg

Freunde alpiner Vergnügungen werden in Windischgarsten wunschlos glücklich. Das liegt schon am historischen Ortskern, in dem das alte Rathaus, des Bezirksgericht, der Kirchenpark und das Heimatmuseum mit typischem architektonischen Lokalkolorit besonders zu gefallen wissen. An den freundlichen, aufgeschlossenen Bewohnern, die Gastfreundschaft durch und durch leben. Aber auch an der wunderbaren Lage im Windischgarstner Becken, umrandet von der traumhaften Bergkulisse der Haller Mauern, des Sengsengebirges und des Toten Gebirges.

Unzählige Wanderwege laden ein, die vielfältige Natur- und Kulturlandschaft zu entdecken. Eine ausgesprochen schöne Tour führt vom Ortskern ausgehend zunächst nach Westen, am Heimatmuseum vorbei in das Tal des Dambach. Hat man diesen erst überquert, so gelangt man auf den Güterweg Trojer, der den Wanderer hangaufwärts an malerischen Wiesen entlang in Richtung Kleinerberg geleitet. Freilich mit einer verführerischen Ablenkung, denn das unbekümmerte Lachen und begeisterte Kreischen vom nur wenige hundert Meter entfernten Wurbauerkogel ist nicht zu überhören. Der Abenteuerberg garantiert eine Mordsgaudi dank einer Vielzahl von Aktivitäten, vom Bikepark über den Klettersteigpark, eine Bogenschießanlage und einen Panoramaturm bis hin zum rasanten Alpine Coaster. Wer Action sucht, wird hier ganztags glücklich. Freunde ruhigerer Routen halten sich jedoch lieber in Richtung Nordosten, bis sie auf den Gipfel des rund 1.300 Meter hohen Kleinerberg gelangt sind. Von hier aus lässt sich das traumhafte Bergpanorama in aller Ruhe genießen. Wenn man Glück hat, dann kann man sogar einen Paraglider beobachten, wie er quasi auf Augenhöhe vorbeischwebt. Eine kleine Auszeit, fernab von all dem Trubel alpiner Erlebniswelten.

Vom Ortszentrum gelangen Sie mit wenigen Schritten zum schönen alten Pfarrhof im Rosenauerweg 1.

75

Tipps zu Freizeitmöglichkeiten am und auf dem **Gleinkersee** sowie Speis und Trank sind erhältlich beim **Gasthaus Seebauer**
Gleinkersee 2
A-4575 Rossleithen
+43 (0)7562 7503
www.gleinkersee.at

SEENGEHEIMNISSE ERFORSCHEN

Gleinkersee

Wer schon immer mal Forscher sein wollte, der ist am Gleinkersee nahe der Gemeinde Spital am Pyhrn goldrichtig. Schon beim ersten Anblick sind nicht nur Geomorphologen fasziniert vom rund 13 Hektar großen Gewässer, das malerisch in den Nordrand des Toten Gebirges eingebettet ist. Hier gibt es nämlich einen Abfluss, aber keinen Zufluss, der erklären könnte, wie das Wasser eigentlich in den See kommt. Jetzt heißt es also, Gesteinsarten, Oberflächenbeschaffenheit und Niederschlagsdaten zu analysieren! Streng genommen müsste man auch die Taucherausrüstung anlegen und den Boden des ehemaligen Gletschersees absuchen. Vielleicht stimmt ja die Vermutung, und das kristallklare Nass kommt aus einer unterirdischen Karstquelle?

Wenn man schon auf Tauchgang ist, dann bietet es sich inmitten der großen Fisch- und Muschelvielfalt natürlich an, neben biologischen auch historische Fragestellungen mit zu erforschen. Der Legende nach flüchteten die Mönche des Stiftes Spital am Pyhrn während der Franzosenkriege an den See, um ihre sagenhaften Schätze mal kurz unter der Wasseroberfläche zu verstecken. Aber denkste! Anscheinend hatte sich der Grund in den Kriegsjahren so gesenkt, dass die Kostbarkeiten in unerreichbare Tiefe entglitten sind. Ob sie noch auffindbar sind?

Trotz der verlockenden geomorphologischen, biologischen und historischen Desiderate – der Großteil der Seenbesucher hat sich ganz offensichtlich psychologischen Untersuchungen verschrieben. Wie es wohl auf die Gemütslage wirken mag, wenn man sich einen ganzen Tag lang am See entspannt, gemütlich mit dem Tretboot über das warme Wasser gleitet und die Sonnenstrahlen auf der Haut genießt? Eine wahrhaft lohnenswerte Forschungsfrage, nicht nur für gestandene Akademiker!

Forschen macht hungrig! Genießen Sie eine kleine Brotzeit, erquickende Getränke oder ein vorzügliches Menü im Gasthaus Seebauer – Seeblick und Bioqualität natürlich eingeschlossen.

76

Wanderparadies Vorderstoder
Ausgangspunkt für zahlreiche Wanderungen:
Tourismusverband Pyhrn-Priel
Nr. 66
A-4574 Vorderstoder
+43 (0)7564 8255
www.vorderstoder.at

Almhotel Lindbichler
Vordertambergau 31
A-4574 Vorderstoder
+43 (0)7564 8383
www.lindbichler.at

NUR SCHOKOLADENSEITEN VORFINDEN

Wanderparadies

Wenn es darum geht, das perfekte Familienfoto zu schießen, wird es mancherorts richtig hektisch. Man bringt sich in Pose, zupft, dreht und wendet sich und setzt den schönsten aller Blicke auf. Schließlich geht es darum, die eigene Schokoladenseite ins rechte Licht zu rücken. Wie leicht hat es da die 800-Seelen-Gemeinde Vorderstoder an der Südgrenze Oberösterreichs zur Steiermark. Malerisch am Warscheneck gelegen, ist sie so ausnahmslos mit Schokoladenseiten gesegnet, dass nicht nur Fotografen restlos begeistert sind.

Der ursprünglich bayerische Ort gehört seit 1490 zum Land ob der Enns und ist der kleinere Nachbar des weltberühmten Ski-Weltcup-Orts Hinterstoder. Vor der alpinen Bilderbuchkulisse aus Spitzmauer, Großer Priel und Kleiner Priel werden hier jedwede Wintersportwünsche wahr, vom Ski- und Schlittschuhfahren über das Langlaufen bis hin zum Rodeln. Auch im Sommer weiß der Ort zu begeistern. Also nichts wie hinein in die unberührte Berglandschaft, zu Fuß oder mit dem Mountainbike, zum Windhagersee, der Zellerhütte oder gleich zum Stoderer Weitblick, einer Aussichtsplattform vor traumhafter Bergkulisse. Das familienfreundliche Highlight ist die Wanderung zum Schafferteich, baden, fischen und unschlagbarer Ausblick auf das beschauliche Bergdorf inklusive!

Egal ob kurze Ausflüge in den alpinen Streichelzoo, ausgiebigere Genusswanderungen mit Einkehr in den zahlreichen Almen oder Gaststätten, anspruchsvollere Aufstiege, der Stodertaler Klettersteig auf die Spitzmauer oder gar der Bert-Rinesch-Steig auf den Großen Priel – in Vorderstoder kommen Jung und Alt voll auf ihre Kosten. Und spätestens beim Durchblättern des Fotoalbums wird man feststellen, wie viele Schokoladenseiten man selbst nach einem Erholungsurlaub hier hinzubekommen hat.

Einen ganz entspannten Familienurlaub können Sie im Almhotel Lindbichler hoch über dem Stodertal genießen. Hier gibt es alles, was Eltern und Kinder glücklich macht!

77

Ute's Kaffeehaus
Hauptstraße 26
A-4594 Grünburg
+43 (0)7257 20541

EIGENTLICH WAS GANZ ANDERES MACHEN

Ute's Kaffeehaus

Eigentlich ist es ja so, dass wir uns oft etwas vornehmen, um es dann aus mehr oder weniger guten Gründen doch nicht zu tun, schlechtes Gewissen eingeschlossen. Davon kann Ute Grau ein Lied singen. Ihre Frage, wie es denn so gehe, wird nämlich regelmäßig mit einem »eigentlich« beantwortet, gefolgt von wohlgeplanten Unternehmungen, die ihrer Umsetzung harren. Auch wenn sie schnell als Hauptverantwortliche für unzählige gebrochene gute Vorsätze ausgemacht ist, huscht der netten Dame in solchen Situationen sofort ein stolzes Lächeln über die Lippen. Die Sonnenterrasse ihres Kaffeehauses im Herzen von Grünburg ist halt viel zu schön, um sie einfach links liegen zu lassen! Nur ein kleines Tasserl, wegen der Aussicht, und dann geht's weiter. Und dann ratscht man doch noch ein bisserl mit anderen Gästen, die ein ähnliches Schicksal teilen und eigentlich ja auch nur ganz kurz auf einen herrlich duftenden Kaffee, einen kleinen Eisbecher oder ein Stückerl entzückenden Kuchens bleiben wollten.

Es gäbe hier so viele tolle Dinge zu unternehmen! Könnte man sie doch nur überwinden, diese behagliche Trägheit, die sich breit macht, wenn man erst einmal Platz genommen und die malerische Aussicht auf das gegenüberliegende Steinbach und die dahinter aufragenden, üppig bewaldeten Gipfel der Kalkalpen genießt! Fliegenfischen etwa, an den zahlreichen Wehranlagen der Steyr. Mit der Steyrtal-Museumsbahn den Fluss entlangtuckern. Eine Kanufahrt unternehmen, ins Erlebnisbad springen, am Rinnberger Wasserfall planschen, mit dem Mountainbike den Dornbachgraben entlang düsen, unzählige Panoramawege erwandern und dann ein Glaserl Wein im urigen *Marktfassl* genießen? Hach, das alles sollte man unbedingt unternehmen! Und in packende Erzählungen fassen! Eigentlich.

Schließen Sie Ihre erlebnisreichen Entdeckungen der Region mit einem abendlichen Besuch im Kaffeehaus ab. Mit etwas verdienter Erschöpfung mundet doch alles noch einmal ein Stück besser.

78

Käserei Stift Schlierbach
Klosterstraße 1
A-4553 Schlierbach
+43 (0)7582 83013127
www.kaeserei-schlierbach.at
www.stift-schlierbach.at

DIE »ZEHN GEBOTE DES KÄSEGENUSSES«

Klosterkäserei im Stift

Selbstverständlich kann man sich darauf verlassen, dass Vertreter der katholischen Kirche ausgewiesene Spezialisten sind, wenn es um die Zehn Gebote geht. Immerhin handelt es sich um eine wesentliche Grundlage ihres Glaubens, und von dem rückt man ja bekanntlich lieber nicht ab. Somit scheint es auch nur plausibel, dass sich die klerikalen Regeln menschlichen Miteinanders bis hin zu den »Zehn Geboten des Käsegenusses« konkretisieren lassen. Die gilt es strikt zu befolgen, wenn man sich das pikante Milcherzeugnis so richtig munden lassen will. So sagen es uns zumindest – freilich mit einem Augenzwinkern – die Mönche der Zisterzienser-Abtei in Schlierbach, die eben nicht nur Diener des Herrn, sondern auch ausgewiesene Käsespezialisten sind.

Die Geschichte der Schlierbacher Käserei reicht bis zur Stiftung des damaligen Zisterzienserinnenklosters 1355 zurück. Nachdem dieses im Zuge der Reformation zunächst nahezu vollständig brachgefallen war, blühte es ab 1620 regelrecht auf. Heute kümmern sich die rund 20 Glaubensbrüder um die historischen Gebäude wie die Stiftskirche, den barocken Bernardisaal und die renommierte Glasmalerei-Werkstätte sowie um das Stiftsgymnasium und ein eigenes Veranstaltungszentrum. Das Prunkstück, zumindest aus Sicht aller Feinschmecker, ist freilich die einzige Klosterkäserei Österreichs. In einem besonderen Ambiente werden hier zwölf verschiedene Weich- und Schnittkäse in Bioqualität hergestellt. Nach der *Regula Benedicti* bemüht man sich dabei um eine nachhaltige Wirtschaftsweise, die vor allem den rund 140 regionalen Biobauern mitsamt Kuh-, Ziegen- und Schafherden zugutekommt. Bei einer köstlichen Brotzeit mit dem *Bio Paulus* oder dem *Bio Petrus* lässt sich auch gleich das erste Gebot des Käsegenusses in aller Strenge verfolgen: »Du sollst genießen!«

Verbinden Sie eine Führung durch die Käserei und den Einkauf im Klosterladen mit einem Besuch des Stifts – ein lohnender Ausflug zu einem ganz exklusiven Käsebetrieb.

79

Kraftwerk Steyrdurchbruch
Göritz 6
A-4564 Molln
+43 (0)732 90002326
www.steyr-nationalpark.at

Steyrdurchbruchhütte
Steyrdurchbruch 3
A-4592 Leonstein
+43 (0)664 5388076
www.steyrdurchbruch-huette.jimdofree.com

DEM SCHWINDEL TROTZEN

Kraftwerk Steyrdurchbruch

Fährt man flussabwärts mit dem Auto durch das Steyrtal, so lockt nahe Goritz ein harmlos wirkendes Schild »Zur Aussichtsplattform«. Die Tücke der Verheißung erschließt sich freilich schnell, denn bei all der baulichen Finesse, die hinter dem angepriesenen Plateau mit dem sehr dezenten Gitter hoch über dem grün schimmernden Fluss auch stecken mag: Hier geht es so steil hinunter, dass man im Wörterbuch vergeblich nach dem passenden Begriff dafür suchen muss.

Hat man seine Akrophobie erst einmal überwinden können und sich ein bisserl über den Zaun gebeugt, wird man mit einem einzigartigen Blick auf das Kraftwerk Steyrdurchbruch belohnt. Die Anlage gilt als die älteste und architektonisch wertvollste ihrer Art in ganz Österreich, und das kann in einem Land, das immerhin gut 70 Prozent seines Stromes mithilfe von Wasser erzeugt, durchaus etwas heißen. Von oben herab lässt sich das hervorragend in Schuss gehaltene Jugendstilgebäude mit seiner charakteristischen Bogenbrücke ausgezeichnet studieren. Besonders charmant wirken die zahlreichen historischen Referenzen, die auf die Zeit seiner Inbetriebnahme 1908 hindeuten, darunter die heute wie damals fleißigen Francisturbinen sowie die Triftanlage, auf welcher in den Kalkalpen gefällte Baumstämme flussabwärts transportiert werden konnten.

All denjenigen, die zweifeln, ob sie das Panorama auch wirklich in schwindelerregenden Höhen angehen sollen, darf natürlich der ebenerdige, bequeme Zugang über den Steyrtal Radweg nicht verheimlicht werden. Von weit unten lässt sich das Gebäude ohnehin viel genauer bewundern. Und der Blick auch mal kurz und heimlich nach oben richten, zur Aussichtsplattform und zu all den Besuchern, wie sie eng an das Geländer geklammert ganz vorsichtig nach unten spitzen.

Eine einfache Brotzeit und das obligatorische, perfekt gekühlte Kaltgetränk gibt es gleich neben dem Parkplatz in der Steyrdurchbruchhütte. Unkompliziert, freundlich, authentisch.

80

Traunfall
Startpunkt Wanderung:
Parkplatz in Viecht 45
A-4693 Desselbrunn
www.desselbrunn.at

Taucher beginnen ihre
Erkundungen in der
Magic-Dive Tauchbasis
Traunfall 3
A-4661 Roitham
+43 (0)699 11676299
www.traunfall-tauchen.at

IN DEN MYSTISCHEN FLUSS HINEINTAUCHEN

Traunfall

Ein ästhetisches Kleinod offenbart sich dem geneigten Wanderer an der alten Traunfallstraße bei Desselbrunn. Der Fluss hat hier einen tiefen Einbruchsgraben geschaffen, der sich fast einen Kilometer nach Nordosten zieht. Den Ausgangspunkt dieses canyonartigen Abschnitts bilden eine eindrucksvolle Klause und eine Wehr. Sie schaffen einen malerischen Hintergrund für den natürlichen Grabenrand, von dem aus sich der schäumende Lauf mit mächtigem Donnern und Tosen bis zu zwölf Meter in die grün schimmernde Tiefe stürzt.

Gerade an sonnigen Tagen ist die leichte Wanderung entlang des Grabens jede Mühe wert. Aus dem Schatten der Erlen und Weiden heraus lässt es sich vorzüglich auf das wilde Treiben der Traun hinabsehen, und mit etwas Glück zaubern Sonne und Gischt eine Vielzahl von Regenbogen herbei. Wer sich vom eindrucksvollen Schauspiel lösen kann, dem sei der Besuch des nahegelegenen Kirchleins St. Nikolaus empfohlen. Irgendwann im grauen Mittelalter erbaut, war es ein beliebter Anlaufpunkt für alle Traunschiffer die hofften, dank göttlichen Beistands von den reißenden Fluten verschont zu werden, wenn sie ihre Holzflöße und Salzzillen am Traunfall entlang schiffen mussten.

Besonders wagemutigen Besuchern eröffnet sich ein wahrlich einzigartiges Erlebnis: Bei schönem Wetter und ruhigem Flussgang kann man nämlich im besten Sinne des Wortes in den Fluss hineintauchen und seine Mysterien tief unter der Wasseroberfläche ergründen. Nicht selten soll es vorkommen, dass begeisterte Taucher noch lange nach einer solchen Erkundungstour am Lagerfeuer sitzen und aus einer bunten Welt voller Forellen, Äschen, Signalkrebsen und Huchen berichten. Und von jahrtausendealten Straßen, die einst die Römer bauten, bevor sie für immer vom wilden Wasser der Traun verschlungen wurden.

Liebhaber spätgotischer Sakralbauten sollten die Pfarrkirche Desselbrunn besuchen. Den besonderen architektonischen Kick schafft ein Zwiebeldach, das in der Barockzeit nachträglich aufgesetzt wurde.

81

Gmundner Keramik Manufaktur
Keramikstraße 24
A-4810 Gmunden
+43 (0)7612 78610
www.gmundner.at

GRÜNGEFLAMMTES ANHIMMELN

Gmundner Keramik Manufaktur

Für den kleinen Matko ist es ein besonderes Erlebnis, wenn er zur berühmten *Gmundner Keramik Manufaktur* Gassi gehen darf. Vor deren Eingang steht nämlich ein recht spezielles Wahrzeichen, eine überlebensgroße Tasse im zeitlosen »Grüngeflammt-Design«, wie es auch in der Familie des Cocker Spaniels zu besonders festlichen Anlässen aufgedeckt wird. Und wie duftet es aus der grüngeflammten Schale mit dem leckeren Schweinsbraten, von dem ihm der Opa immer ein Stückerl abgibt, wenn keiner hinsieht!

Gmundner Keramik wird auf der ganzen Welt mit den schönsten Festen und edelsten Speisen in Verbindung gebracht. Seit ihrer ersten urkundlichen Erwähnung 1492 steht sie für österreichische Tischkultur vom Feinsten, egal ob bei heimeligen Familienfeiern, edlen Restaurantbesuchen oder königlichen Empfängen. Berühmte Künstler verdingten sich an der Entwicklung der Designs, von denen sich neben dem Grüngeflammten auch die Streublumen und der Rosa Hirsch großer Beliebtheit erfreuen.

All denjenigen, die mehr über die Ursprünge des Unternehmens und den Herstellungsprozess der weißen Kostbarkeiten erfahren möchten, sei die Führung durch die Manufaktur ans Herz gelegt. Hier erhält man Einblicke in die hohen Künste des Drehens, Glasierens, Bemalens, Flammens und Brennens. Rasch kann man nachvollziehen, mit welcher Liebe zum Detail die Gmundner Keramik in Handarbeit hergestellt wird und warum sie seit Jahrhunderten Sammler in aller Welt begeistert. Die entsprechende kreative Begabung vorausgesetzt kann man sogar sein selbst produziertes Prunkstück mitnehmen, oder sich in aller Ruhe im angeschlossenen Manufakturverkauf für das nächste Fest eindecken. Eile ist ohnehin nicht geboten, denn der Matko wartet wie immer vor der großen grüngeflammten Schüssel und läuft ganz sicher nicht weg!

Nehmen Sie sich etwas Zeit und fertigen Sie Ihr eigenes Unikat im Rahmen eines Malworkshops an. Das ideale Geschenk für alle Liebhaber exklusiver Keramik.

82

Seeschloss Ort
Ort 1
A-4810 Gmunden
+43 (0)7612 794400
www.gmunden.at

FERNSEH-GROUPIE-NOSTALGIEN

Seeschloss Ort

Hach, wer hat es damals nicht geschaut? Als die erste Folge der Serie *Schlosshotel Orth* 1996 ausgestrahlt wurde, waren ganze Familien wie von Zauberhand an den Bildschirm gefesselt – gebannt vom Schicksal des Hotelbesitzers Wenzel Hofer und seiner vier Kinder, der das malerische Schloss mit sicherer Hand durch die Irrungen und Wirrungen der oberösterreichischen Gastronomieszene lotste. Wer mochte sie nicht, die sympathischen Angestellten um den Portier Josef Schimek und die Chefköchin Anna Kofler, die jede Folge mit der besten Prise Charme würzten? Und wer ließ sich nicht gerne überraschen von all den prominenten Gästen, welche den 144 Folgen immer wieder überraschende Wendungen verliehen?

Der Hauptschauplatz, das malerische Schloss Ort am Traunsee, hat eine bis heute anhaltende weltweite Berühmtheit erlangt und sich zu einem echten Tourismusmagneten gemausert. Seine Geschichte lässt sich bis in das Hochmittelalter zurückverfolgen, als es dem Urenkel des bayerischen Pfalzgrafen Aribo II. als Wasserburg diente. Im Zuge der oberösterreichischen Bauernkriege wurde es schließlich niedergebrannt und 1634 in seiner heutigen Form wieder aufgebaut. Doppelgeschossige Bogengänge säumen den dreieckigen Innenhof des Schlosses – der asymmetrische Bau sowie die Schlossuhr mit ihrem Uhrwerk sind bis heute nahezu unverändert erhalten.

Macht man sich auf zum kleinen Spaziergang von der Gmundner Uferpromenade über den Holzsteg zur Schlossinsel, so ist man augenblicklich vom außergewöhnlichen Reiz der Anlage fasziniert. Lediglich der eine oder andere Fernsehserien-Liebhaber mag verwirrt sein: Im Schloss findet man zwar ein hervorragendes Restaurant, von einem Hotel fehlt jedoch jedwede Spur. Ach ZDF und ORF, habt Ihr uns da etwa einen dramaturgischen Bären aufgebunden?

Genießen Sie das einzigartige Stimmungsbild beim Spaziergang entlang der Uferpromenade an lauen Sommerabenden.

83

Blick auf die Johannesbergkapelle

Ortszentrum
Startpunkt: **Gemeindeamt Traunkirchen**
Ortsplatz 1
A-4801 Traunkirchen
+43 (0)7617 2255
www.traunkirchen.at

Restaurant Bootshaus im **Seehotel Das Traunsee**
Klosterplatz 4
A-4801 Traunkirchen
+43 (0)7617 2216
www.dastraunsee.at

FEINES IN SICHERHEIT GENIESSEN

Spaziergang durch das Ortszentrum

Es ist ein offenes Geheimnis, dass Seeräuber ihre Nester gerne an den schönsten Orten einrichten. Weniger bekannt ist allerdings, dass es sie bei ihren Kaperfahrten auch in die Seen der Voralpen verschlagen hat. Sogar das traumhafte Traunkirchen galt weit über das Hochmittelalter hinaus als ein beliebter Piratenunterschlupf, bis die oberösterreichischen Landesherren dem wilden Rauben mit vielen Mühen ein Ende bereiteten.

»Klein, aber fein«, so wirbt die Gemeinde heute um die Gunst der Touristen. Zu Recht, denn der 2.000-Seelen-Ort wirkt nur auf der Landkarte unscheinbar. Auf einer felsigen Halbinsel gelegen, ragt das idyllische Ortszentrum tief in den Traunsee hinein. Über allem glänzt die Pfarrkirche, die auf eine reiche Geschichte als Benediktiner- und Jesuitenkloster zurückblicken kann und schon hunderten von Künstlern als Motiv gedient haben mag. Unzählige weitere Sehenswürdigkeiten laden zur Ortserkundung ein. Sei es das Handarbeitsmuseum mit seinen der regionalen Kultur verpflichteten Ausstellungen, die Spitzvilla, in der einst der Generalgouverneur des Sudan wohnte oder die sogenannte Russenvilla Pantschoulidzeff, in der unzählige prominente Persönlichkeiten residierten, von Rainer Maria Rilke über Anton Rubinstein und Adalbert Stifter bis hin zum späteren Kaiser von Mexiko, Erzherzog Maximilian.

Gerade seiner ästhetischen wie auch verkehrsgünstigen Lage wegen gehört die Gegend hier zum Altsiedelland, in dem schon in der jüngeren Steinzeit Menschen lebten und das auch heidnische Kultstätten beherbergte. In gewisser Weise hat die Christianisierung gleich zwei Fliegen mit einer Klappe geschlagen, was uns die Inschrift der Johanneskapelle treffend belegt: »Einst Schlupfwinkel heidnischer Seeräuber, jetzt dem heiligen Johannes dem Täufer geweiht«.

Das ganz besondere Restaurant in Traunkirchen ist das *Bootshaus*, ein Feinschmecker-Lokal mit traumhaftem Blick auf den Traunsee. Reservieren Sie unbedingt im Vorhinein!

84

Hochsteinalm am Lärlkogel
Hochsteinalm 1
A-4801 Traunkirchen
+43 (0)664 9875221
www.hochsteinalm.at

Attwengerhof
Attweng 1
A-4801 Traunkirchen
+43 (0)7617 2338
www.attwengerhof.at

TRITTSICHERHEITSTESTS BESTEHEN

Hochsteinalm und Lärlkogel

Eine der schönsten und zugleich familienfreundlichsten Wanderungen am südlichen Traunsee beginnt an einem unscheinbaren Parkplatz am Mühlbachweg in der Gemeinde Traunkirchen. Von hier aus kann man sich je nach Präferenz auf wilden Pfaden direkt durch den Wald oder auf asphaltierter, kinderwagenfreundlicher Serpentinenspur den Weg bis hinaus zur Hochsteinalm bahnen. Hoch über dem Traunsee betreibt Hüttenwirt Josef Ammering seine gemütliche Jausenstation Hochsteinalm, welche das ganze Jahr hindurch geöffnet ist und das ideale Reiseziel für eine lockere Halbtagestour darstellt. Besonders reizvoll wird der Aufstieg freilich für all diejenigen, die sich für das »Who is who« internationaler Bergbewohnerschaften interessiert: Neben schottischen Minihochlandrindern, Pferden, Eseln und Lamas haben es sich nämlich auch Hasen, Schafe, Ziegen und sogar ein Stachelschwein in den zahlreichen Gehegen am Wegesrand bequem gemacht und grüßen die Wanderer mit freundlichen Blicken.

Wer es schafft, sich vom gemütlichen Treiben auf der Hochsteinalm und dem eindrucksvollen Panorama des Höllengebirges zu lösen, dem eröffnet die Alm zahlreiche, mitunter herausfordernde weitere Wanderungen. Einen einzigartigen Ort erreicht man nach einem circa 20-minütigen Fußmarsch auf den Gipfel des Lärlkogels. Vom mehr als 1.000 Meter hohen Berg bietet sich eine atemberaubende Aussicht auf den Traunsee und weit darüber hinaus. Nur trittfest sollte man sein! Wer den Blick vom Gipfelkreuz nach unten wagt, dem wird spätestens dann klar, in welchen Höhen man sich gerade befindet. Und wie wenig man die sportliche Höchstleistung dieser Bergbesteigung überhaupt wahrgenommen hat, inmitten all dieser bezaubernden Natur.

Die wohl außergewöhnlichste Übernachtungsmöglichkeit mit der zugleich spektakulärsten Aussicht finden Sie im *Troadkasten* auf dem Attwengerhof. Ein absoluter Geheimtipp!

85

Kaiservilla Bad Ischl
Jainzen 38
A-4820 Bad Ischl
+43 (0)6132 23241
www.kaiservilla.at

ZU SISI IN DIE SOMMERFRISCHE EILEN

Kaiservilla

»Franz? … Wo bist' denn?« Mit einem klitzekleinen bisschen Fantasie kann man sie wirklich hören, wie sie mit zartem bairischen Akzent nach ihrem Liebsten ruft: Die wohl berühmteste Adelige im deutschsprachigen Raum, Elisabeth Amalie Eugenie, Herzogin in Bayern, Apostolische Königin von Ungarn und Kaiserin von Österreich, besser bekannt als Sisi.

Die Kaiservilla in Bad Ischl war für die Gattin von Franz Joseph Karl von Österreich ein besonderer Ort der Freiheit und Naturnähe, an dem sie sich abseits der strengen Etikette des Wiener Hofes ganz und gar wohlfühlte. Aber auch Franz war der Kaiservilla äußerst angetan und verbrachte immerhin 82 Sommer seiner stolzen 86 Lebensjahre dort. Das Anwesen – ein Hochzeitsgeschenk von Erzherzogin Sophie, der Mutter von Franz Josef – wurde von 1853 an nach den Wünschen ihrer Hoheiten im neoklassizistischen Stil umgebaut, erweitert und schließlich 1860 in seiner aktuellen Form fertiggestellt. Zu dieser Zeit wurden auch zwei Seitenflügel hinzugefügt, welche dem Gesamtbauwerk aus der Vogelperspektive die Form eines »E« – wie Elisabeth – geben.

Wer heute durch die Kaiservilla, den angeschlossenen Park mitsamt Marmorschlössl im Stil des frühen Historismus, das Küchengebäude und das ehemalige Gärtnerhaus lustwandelt, der vermag rasch nachzuvollziehen, warum es Sisi und Franz beinahe magisch hierher zog. Und wer nach einem solchen Rundgang zum Mitteltrakt zurückkehrt, am weißen Marmorspringbrunnen Platz nimmt, die Augen schließt und ganz genau hinhört, der kann ihn sicherlich auch hören. Den Franz, wie er von seinen staatlichen Verpflichtungen vor Sehnsucht verzehrt nach Ischl eilt und ihr schließlich überglücklich in die Arme fällt: »Sisi!«

Besuchen Sie Bad Ischl am 18. August und feiern Sie mit beim traditionellen »Kaisergeburtstag« in einem wahrlich würdigen Ambiente.

86

Hallstatt
Startpunkt Spaziergang:
Tourismusbüro Hallstatt
Seestraße 114
A-4830 Hallstatt
+43 (0)5950 9530
www.hallstatt.net

Weltweit unerreicht bleiben

Spaziergang durch den Ort

Bis zu 700.000 Tagestouristen, 70.000 Übernachtungen und 14.000 Busse pro Jahr! Gemessen an seiner überschaubaren Einwohnerzahl ist das 750-Seelen-Dorf Hallstatt ein echter touristischer Superstar. Malerisch am Hallstätter See vor der eindrucksvollen Kulisse des Dachsteinmassivs gelegen, bietet der Ort ein nahezu perfektes Ensemble aus schmalen Gassen, historischen Häusern und Seepanorama. Gerade an sonnigen Sommertagen herrscht auf der schmalen Uferpromenade ein reges, friedfertiges Gedränge, und wer genau hineinhört, der wird ein schon fast babylonisch anmutendes Sprachengewirr wahrnehmen können.

Die Besiedelung des Ortes ist seit der älteren Eisenzeit nachgewiesen und hat als *Hallstattzeit* weltweite Berühmtheit erlangt. Dabei war das Dorf über Jahrhunderte hinweg nur über Saumpfade auf dem Landweg zugänglich. Die wenigen Einwohner verdingten sich als Bergbauern, Fischer oder in der Salzproduktion, die dank einer 1607 errichteten Soleleitung zum Sudwerk in Ebensee bis heute floriert. Erst ab 1875 erfolgte der erste Straßenbau, und 1966 schließlich der überregionale Anschluss durch eine belastbare, teils getunnelte Verkehrsanbindung. Nicht zuletzt aufgrund dieser infrastrukturellen Erschließung erlangte der Ort binnen kürzester Zeit Weltruhm und wurde schließlich sogar zum UNESCO-Weltkulturerbe erklärt.

Die traumhafte Ästhetik des Ortes, das entspannte Miteinander von Besuchern aus aller Welt, die schöne Kirche, das Museum, das Hallstattzeitliche Gräberfeld oder die Salzstollen. Es gibt wohl tausend gute Gründe, um nach Hallstatt zu fahren. Oder halt nach China, wo sie den Ort in Guangdong einfach nachgebaut haben? Na ja, wie heißt es auf der Website des Tourismusverbandes Hallstatt so schön: »Hallstatt – millionenfach fotografiert – einmal kopiert – nie erreicht«.

Der *Skywalk Hallstatt* bietet eine spektakuläre Aussicht weit über den Ort hinaus – in schwindelerregenden, aber hervorragend gesicherten 360 Metern über den Dächern des weltberühmten Seeortes.

87

Salzwelten Hallstatt
Salzbergstraße 21
A-4830 Hallstatt
+43 (0)6132 2002400
www.salzwelten.at

SALINES FLAIR INHALIEREN

Salzwelten im Hallstätter Salzberg

Die Region um Hallstatt geizt grundsätzlich nicht mit Superlativen, ältestes Schaubergwerk der Welt mitsamt ältester Holzstiege Europas inklusive. Seit rund 450 Jahren kommen Besucher aus der ganzen Welt, um sich einen Eindruck zu verschaffen, wie hier seit mehr als 2.500 Jahren weißes Gold gewonnen wird.

Die Geschichte des Salzbergwerks geht bis in die Bronzezeit zurück, als in drei bislang bekannten Schachtanlagen erstmals Salz gefördert wurde. In der nachfolgenden *Hallstattzeit* führten technologische Innovationen zum Ausbau unter Tage und zu einer wirtschaftlichen Blüte der Region. Heute erstreckt sich das Hallstätter Salzbergwerk auf 21 Stockwerke und drei Betriebsebenen mit rund 65 Streckenkilometern. Rund 40 Mitarbeiter im Bergbau fördern dabei circa 600.000 Kubikmeter Sole im Jahr. Erlesene Salze, vom Natursalz über Badesalze bis hin zum Bio Hallstatt Salz mit Kräutern oder Blüten werden nicht nur weltweit, sondern schön dekoriert auch direkt am Bergwerk im eigenen Shop vertrieben. Ein hervorragendes Mitbringsel!

Ein jeder Besucher kommt in den *Salzwelten* auf seine Kosten: Die interessante und abwechslungsreiche Bergtour erzählt auf unterhaltsame Weise, wie das Salz dereinst in den Berg gelangte und mit welchen historischen und modernen Methoden es heute wieder zutage gefördert wird. Spätestens aber wenn man sich tief im Bergesinneren befindet, es kalt und ruhig wird und die salzhaltige Luft eine ganz eigene Atmosphäre generiert, erliegt man der Faszination dieses uralten und doch so zeitlosen Bergwerks. Und es gibt so viel zu erkunden, seien es die zahlreichen geheimnisvollen Stollen oder der große unterirdische Salzsee. Also nichts wie hineingeschwungen in die Grubenbahn, und auf geht's auf eine Entdeckungsreise der ganz besonderen Art!

Gegen Voranmeldung können Sie an einer exklusiven Expedition zum prähistorischen Herzen des Berges teilnehmen, natürlich stilsicher mit Schutzanzug, Helm und Stirnlampe.

88

Gipfel des Dachsteins
Den bequemsten Weg hinauf ermöglicht zweifelsohne die **Dachstein Gletscherbahn Ramsau**
Schildlehen 79
A-8972 Ramsau am Dachstein
+43 (0)3687 22042810
www.derdachstein.at

NEUE ENTDECKUNGEN FINDEN

Gipfel des Dachsteins

Noch weit in das 19. Jahrhundert hinein lagen die meisten Gipfel der höheren Alpen in einem tiefen Schleier, der sie gleichsam vor den Gedanken der Aufklärung verhüllte und ihnen alle möglichen übernatürlichen Wesenheiten zuschrieb. Nicht selten galten schwer zugängliche Gebirge dabei als verwunschene Orte, an denen unfreie Seelen spukten, Hexen ihr Süppchen kochten und allerhand Berggeister ihr Unwesen trieben. Also nichts wie weg, und auf keinen Fall ganz hinauf!

Unbestritten: Unzählige alpine Geheimnisse wären uns wohl bis heute verborgen geblieben, hätte nicht eine Vielzahl von mutigen Männern und Frauen dem Schicksal getrotzt und einen Gipfel nach dem anderen erklommen, kartiert und im besten Sinne entmystifiziert. Einer der herausragendsten unter ihnen ist der Theologieprofessor, Meteorologe und Alpinist Peter Carl Thurwieser, der zahlreiche Alpenregionen bereiste und Gipfelrouten entdeckte. Als eine seiner schönsten Touren beschreibt er die zum Dachstein am 18. Juli 1834, als er den mit 2.995 Metern höchsten Berg Oberösterreichs erklomm und dort das Gipfelkreuz errichtete.

Während Bergsteiger seitdem vornehmlich über den »Schulteranstieg«, einen circa fünfstündigen Aufstieg, auf den Dachstein gelangen, kommen auch die unsportlicheren Charaktere seit 1951 dank komfortabler Seilbahnen in den Genuss einer fantastischen Hochgebirgserfahrung. Am schönsten lässt sich der wunderbare Gletscherblick freilich von der Aussichtsplattform direkt unter dem Gipfel genießen, gerne auch bei einem guten Glaserl und einer deftigen Brotzeit. Wer von hier aus ganz genau schaut, dem eröffnet sich nicht nur eine unendlich vielfältige Bergwelt, sondern auch eine einzigartige Einladung zu endlosen neuen Entdeckungen.

Starten Sie Ihre Entdeckungsreise auf dem Dachstein, indem Sie die Spur eines vier Tonnen schweren tibetischen Felsbrockens nachverfolgen, den der chinesische Künstler Ai Weiwei 2010 hier deponierte.

Blick vom Hohen Dachstein, dem mit 2.995 Metern über Normalnull höchsten Berg Oberösterreichs

WEITERE LIEFERBARE Lieblings-plätze

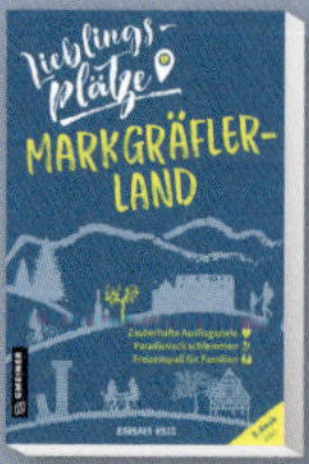

ISBN 978-3-8392-0044-5

ISBN 978-3-8392-2730-5

ISBN 978-3-8392-2613-1

ISBN 978-3-8392-2837-1

ISBN 978-3-8392-2616-2

ISBN 978-3-8392-2632-2

ISBN 978-3-8392-2733-6

ISBN 978-3-8392-2731-2

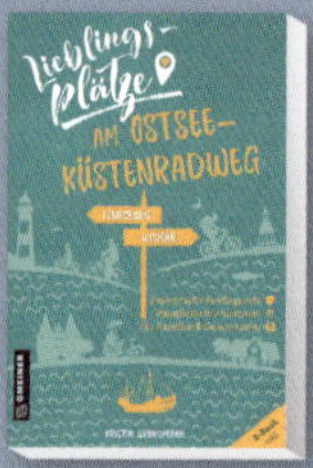

ISBN 978-3-8392-2732-9

ISBN 978-3-8392-2628-5

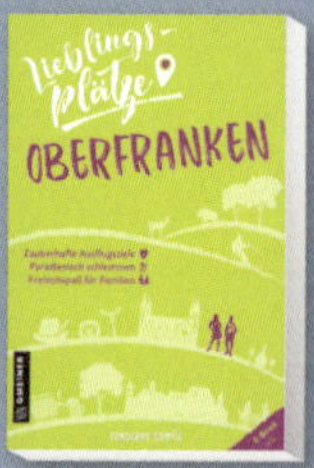

ISBN 978-3-8392-2621-6

ISBN 978-3-8392-2885-2

ISBN 978-3-8392-2625-4

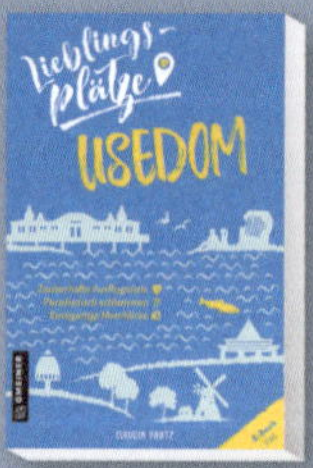

ISBN 978-3-8392-2838-8

ISBN 978-3-8392-2630-8

ISBN 978-3-8392-2631-5

ISBN 978-3-8392-2928-5

ISBN 978-3-8392-2929-3

ISBN 978-3-8392-2932-3

ISBN 978-3-8392-2931-6

ISBN 978-3-8392-2925-5

ISBN 978-3-8392-2622-3

ISBN 978-3-8392-2619-3

ISBN 978-3-8392-2618-6
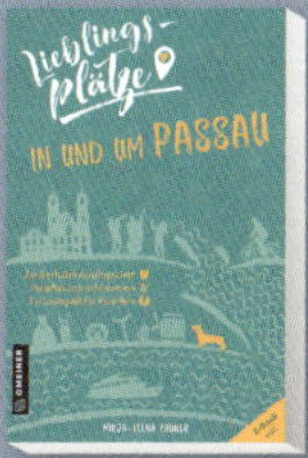

ISBN 978-3-8392-2615-5
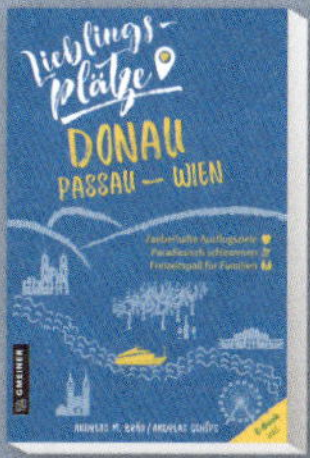

ISBN 978-3-8392-2629-2
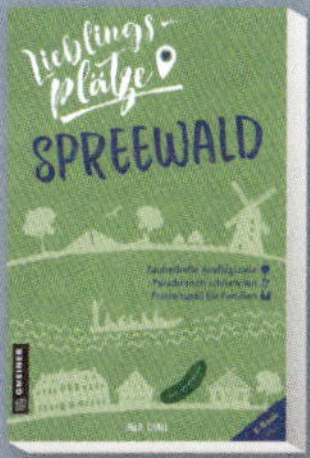

ISBN 978-3-8392-2734-3

ISBN 978-3-8392-2627-8

ISBN 978-3-8392-2617-9

ISBN 978-3-8392-2635-3

ISBN 978-3-8392-2633-9

ISBN 978-3-8392-2612-4

ISBN 978-3-8392-2405-2

ISBN 978-3-8392-2614-8
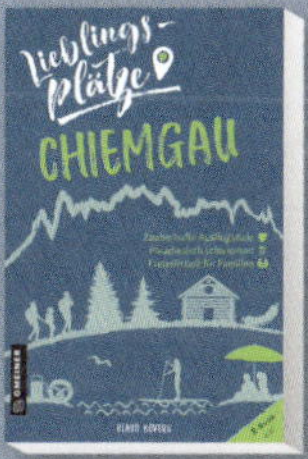

ISBN 978-3-8392-2839-5

ISBN 978-3-8392-2624-7

ISBN 978-3-8392-2623-0

ISBN 978-3-8392-2611-7

ISBN 978-3-8392-2545-5
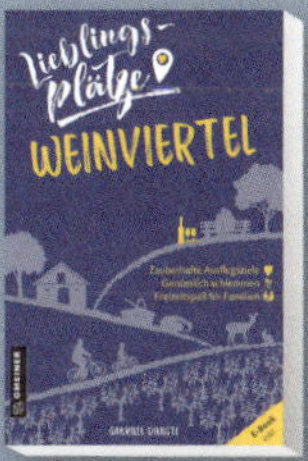

ISBN 978-3-8392-2620-9

ISBN 978-3-8392-2634-6

ISBN 978-3-8392-2930-9

ISBN 978-3-8392-2927-9
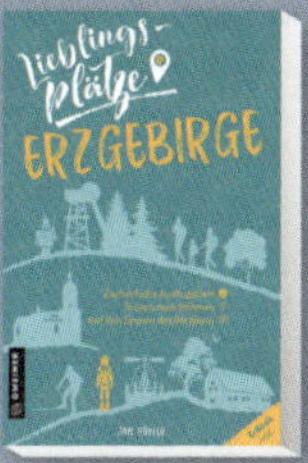

ISBN 978-3-8392-2926-2

ISBN 978-3-8392-2924-8

ISBN 978-3-8392-0043-8

Lieblingsplätze
IM
SALZBURGER LAND
Zauberhafte Ausflugsziele
Paradiesisch schlemmen
Freizeitspaß für Familien
GMEINER
FRANZISKA LIPP
E-Book inkl.